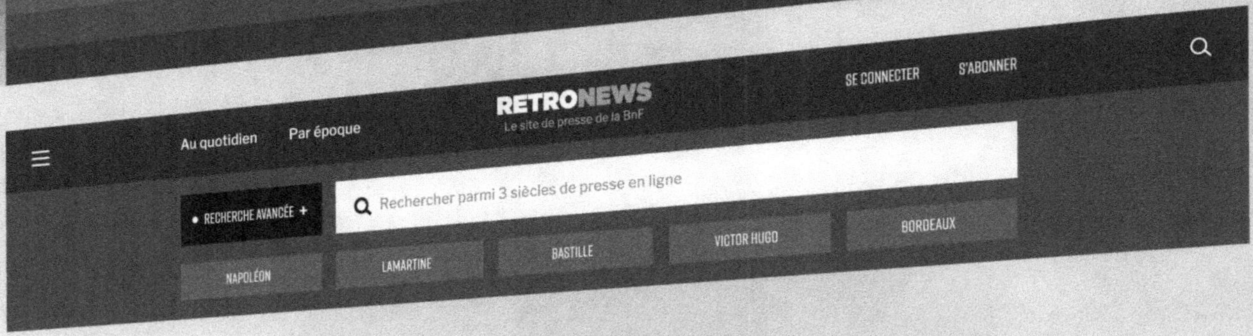

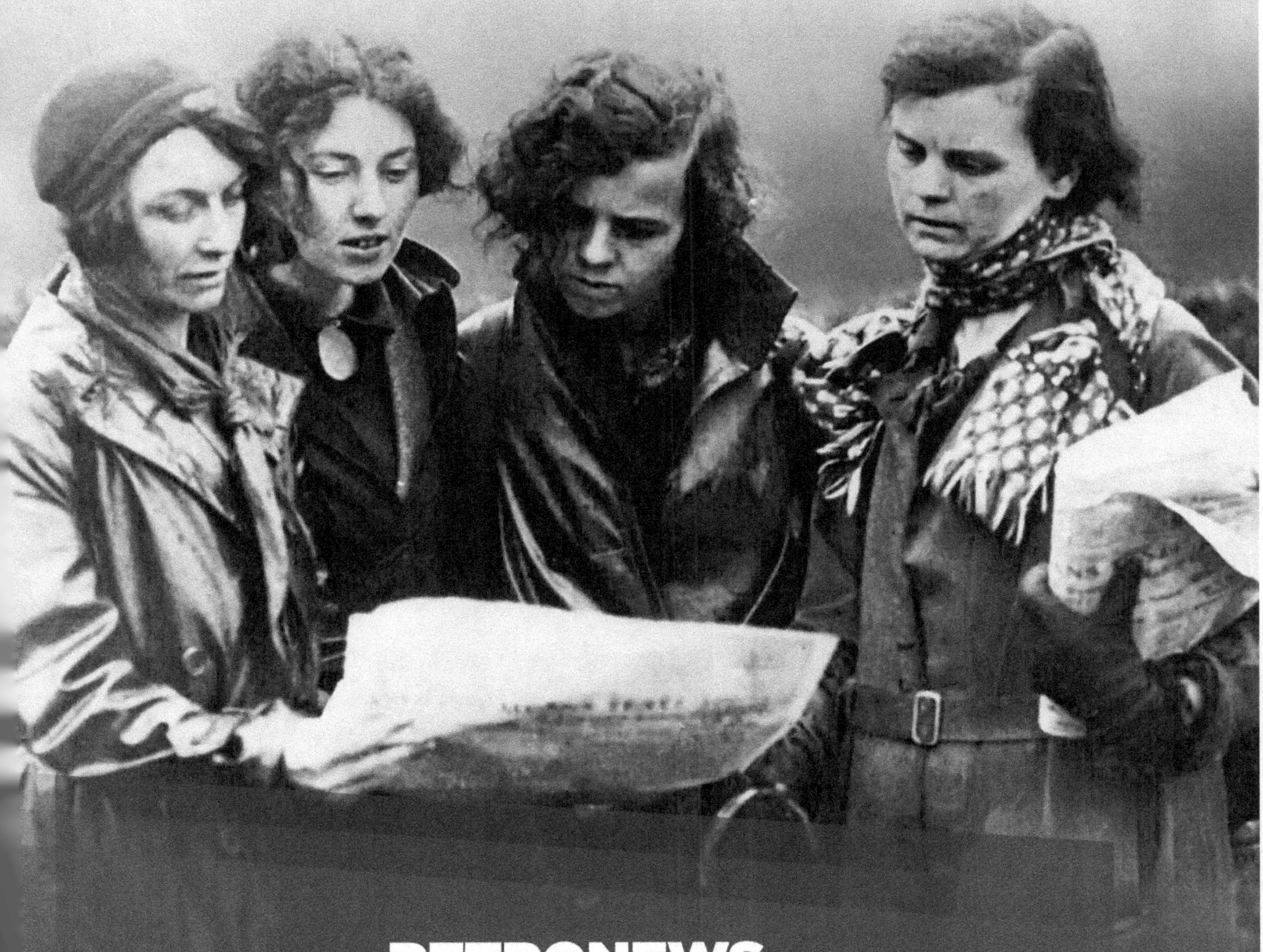

BULLETIN
MONUMENTAL

OU

COLLECTION DE MÉMOIRES

SUR LES MONUMENTS HISTORIQUES DE FRANCE

PUBLIÉ SOUS LES AUSPICES

DE LA

Société française d'archéologie pour la conservation des monuments nationaux

ET DIRIGÉ

PAR LÉON PALUSTRE

5e Série, Tome 5e, 43e de la Collection, No 7.

Un No paraît toutes les six semaines. 8 Nos forment un volume orné de planches

Le prix de l'abonnement est de 15 fr. pour la France
et 18 fr. pour l'étranger.

PARIS
DERACHE. — DIDRON
DUMOULIN

TOURS
PAUL BOUSEREZ
IMPRIMEUR

1877

TABLE DES MATIERES

DU 7e NUMÉRO

PLANCHES ET BOIS.

LA CATHÉDRALE DE VENCE

NOTES HISTORIQUES ET ARCHÉOLOGIQUES

I.

S'il faut en croire la tradition, l'église cathédrale de Vence serait construite sur l'emplacement même d'un temple païen dédié à Mars et à Cybèle, ce qui ne paraît pas invraisemblable, puisque, sous le règne de Constantin, tous les biens et privilèges des temples païens passèrent, on le sait, aux mains de l'Église. Dans la plupart des cas, les premiers chrétiens utilisèrent pour leur culte les anciens temples, se contentant de remplacer les divinités qu'ils chassaient par ceux de leurs saints qui offraient avec elles le plus d'analogie.

L'Église trouvait un double avantage à procéder de cette façon; en s'emparant d'un temple naguère consacré aux dieux de l'Olympe, elle établissait sa prépondérance, elle attaquait le paganisme dans ses retranchements, s'y établissait en maîtresse souveraine et montrait par là l'inanité et l'impuissance absolue des idoles anciennes, qui ne savaient même pas défendre leurs sanctuaires. C'était une période de gloire succédant à une période de persécution;

après l'ère du martyre venait l'ère de la victoire, et l'Église triomphante, brisant partout les images des faux dieux, apportait dans le monde, avec la croix déjà plantée à Rome, cet élément de civilisation et de paix qui attirait à elle les natures jeunes et enthousiastes, cet admirable livre de pardon et d'abnégation qui allait changer la morale des peuples, l'ÉVANGILE.

Mais là n'était pas le seul avantage que trouvait l'Église à cette occupation; les populations acceptaient bien plus facilement le nouveau culte, lorsqu'il était célébré dans les temples où elles avaient l'habitude de se rendre, que surtout, par une habile substitution, on y remplaçait Mars, le dieu de la guerre, par saint Martin, un soldat, que la vierge Marie y détrônait Vénus ou Cybèle, ou que Pierre y prenait la place de Jupiter. C'était en quelque sorte une naturalisation de certaines divinités aimées. Les Romains, lors de la conquête des Gaules, n'avaient pas agi bien différemment lorsqu'ils firent du Camul gaulois leur Dieu Mars, ou de l'Irmensul germain l'Hercule de leur mythologie.

Je ne veux pas dire par là que l'Église ait jamais établi une parenté quelconque entre les saints et les divinités du paganisme; l'un des caractères du christianisme étant, au contraire, de repousser toute alliance avec les cultes qu'il remplaçait. Mais si Martin n'était pas Mars, il n'en était pas moins un soldat, et les sentiments de populations guerrières, habituées à sacrifier au dieu des combats, étaient moins heurtés; elles acceptaient d'autant plus facilement la nouvelle religion, que l'image offerte à leur culte gardait avec celle de leurs anciens dieux certaines similitudes. L'Église se chargeait ensuite de dissiper chez les néophytes la confusion que cela aurait pu engendrer.

Il est certain que Mars et Cybèle avaient un temple à

Vence et que leur culte y était en grand honneur; nous en avons la preuve dans les inscriptions suivantes qui existent encore.

La première est ainsi conçue :

MARTI VINTIo
M (1) RVFINIVS FELIx
SAL (2) IIIIII VIR (3) ET IN
COLA CEMENELEI
EX VOTO S (4)

La seconde, encastrée dans le mur qui remplace la façade de l'église, porte :

IDAEAE MATRI
VALERIA MAR
CIANA VALE
RIA CARMO
SINE ET CASSI
VS PATERNVS
SACERDOS TAV
RIBOLIVM SVO SVM
. TV (5) CELEBRAVERVNT

Les Tauroboles, institués à Rome vers le milieu du IIe siècle, pour faire opposition au baptême des chrétiens, ne furent introduits dans les Gaules que dans le courant du IIIe. Si donc, à ce moment, le culte de Cybèle était à

(1) Marcus.
(2) Saliniensis.
(3) Sextumvir.
(4) Solvit.
(5) Sumptu.

Vence dans tout son éclat, et si la cathédrale de cette ville est effectivement construite sur les ruines du temple de cette déesse, il est évident que l'on ne peut pas faire remonter la construction de cette église au IIIe siècle, comme l'ont fait divers auteurs, plus soucieux de faire accepter certaines chronologies épiscopales que de se tenir dans la vérité historique.

Ce sont là, d'ailleurs, des débats qui ont peu d'importance, car il ne reste rien de ces antiques constructions, et l'église actuelle, quoique incontestablement romane, a subi tant de transformations, qu'il est bien difficile d'assigner au monument une date précise. Je vais pourtant tâcher de le faire, après avoir, aussi rapidement que possible, tracé l'histoire de son chapitre; nous pourrons ainsi être éclairés sur bien des points qui, sans cela, resteraient dans une obscurité complète.

Si l'on ne peut pas raisonnablement admettre pour la cathédrale une antiquité aussi reculée que les IIIe et IVe siècles de notre ère, il n'en est pas de même pour l'église de Vence; les chronologies les plus autorisées en font remonter la fondation à la fin du IVe siècle, et Saint-Véran, qui vivait au commencement du siècle suivant, est le cinquième de ses prélats.

Le chapitre se composait de sept chanoines, parmi lesquels figuraient le prévôt et le sacristain, qui ne pouvaient être pris en dehors de son sein. L'un et l'autre furent déclarés *dignités* par les statuts donnés le 29 septembre 1320 par l'évêque Arnaud Barcillon. Il y avait en outre quatre bénéficiers et deux chapelains ou vicaires du chapitre préposés à l'administration des sacrements, un diacre, un sous-diacre, quatre enfants de chœur et un *campanier*. Un de ces quatre bénéficiers, suivant les statuts du 29 octobre 1336, fut choisi pour régler les offices, c'était le préchantre ou *capiscol,* qui avait stalle haute au jubé; il fut plus tard, du consentement de l'évêque et des chanoines, nommé *personnat.* Il avait, comme bénéfice, la vicairerie de Coursegoules. Le premier prêchantre de l'église de Vence s'appelait Jean-Marie. En 1443, Raphaël Monso II, évêque de Vence, établit un autre bénéficier pour remplacer le *capiscol.* Le même évêque fit ouvrir le sépulcre de saint Véran et établir des orgues au-dessus du grand arc du sanctuaire, sous la condition que le chapitre célébrerait chaque année son anniversaire.

Par les statuts du 9 septembre 1505, il fut encore créé deux bénéficiers et un maître de musique, et enfin, le 9 septembre 1685, messire Honoré Niel, chanoine, créa deux autres bénéfices qui devaient être occupés par deux musiciens, l'un pour jouer du *serpent,* et le second pour toucher les orgues; il donna à cette fin au chapitre une somme de huit mille livres.

En 1573, les chanoines avaient droit à quatorze *setiers* de blé et cinq *charges* de vin. Cette dotation fut augmentée, en 1609, de neuf écus d'argent, qui, en 1625, furent portés à dix-huit; en 1630, reconnue encore insuffisante, elle fut élevée à six charges de blé, dix-huit charges de vin et vingt-quatre écus d'argent. Mais les bénéficiers, curés et vicaires, intentèrent un procès au chapitre, réclamant la portion congrue et une part aux bénéfices : ce procès, porté à Aix, fut finalement arrangé par l'intermédiaire de Mgr Godeau, alors évêque de Vence, et de messire Louis Thomassin, théologal de Fréjus, qui devait être son successeur. La dotation fut définitivement fixée, par la transaction de 1662, à cinq charges de blé, douze charges de vin et vingt-quatre écus d'argent, en deux paiements égaux, qui furent encore augmentés en 1683, par arrêt du conseil d'État, de vingt-cinq livres.

Pour gagner la dotation entière, les chanoines devaient assister aux offices les trois quarts de l'année. Ceux d'entre eux qui n'étaient pas ordonnés ne recevaient que la moitié de ces distributions, tandis que le prévôt en touchait le double. Les usages sur les offices ne différaient pas de ceux usités dans les autres églises, sauf ceci, toutefois, que l'heure des matines a toujours été fixée par les membres du chapitre.

Les dignitaires et chanoines possédaient six jours de vacances par mois, les bénéficiers quatre, et le diacre deux seulement; cela sans préjudice des vacances de septembre, qui avaient lieu durant les vingt derniers jours du mois.

Les absences irrégulières étaient punies d'amendes; celles du prévôt étaient doubles de celles des chanoines.

Les membres du chapitre de Vence ne restèrent pas toujours pour leurs ouailles des modèles de piété et de chasteté; leur indiscipline et leur relâchement furent même tels à un moment donné, qu'ils étaient devenus un sujet de scandale pour les fidèles, soit par leur vie débauchée au dehors, soit par leur tenue irrévérencieuse dans l'église, où, rassemblés pendant la grand'messe derrière le maître-autel, ils se livraient à toutes sortes de plaisanteries et d'inconvenances. C'est ce qui résulte des statuts de 1552, qui mirent fin à cet état de choses. Je ne citerai de ce règlement qu'un seul article, qui justifie ce qui précède :

Art. 25.

Item ad corrigandum deffectus aliquorum dominorum, tam canonicorum, quam beneficiatorum et aliorum de ecclesia, se comperientium retro magnum altare, quando debet celebrari magna missa, loquentium, murmurantium, male-dicentium, de multa inhonesta loquentium, que non decent viros ecclesiasticos.

Quod nullus, a cetero tunc temporis, habeat se comperire in dicto loco, sub pena duorum grossorum pro prima vice et quatuor grossorum pro secunda, pro quolibet, pro tertia vero vice, corrigatur per dominos de capitulo, juxta casus exigentiam.

Ce règlement, composé de trente-quatre articles ayant trait à des réformes, fut délibéré dans la sacristie de la cathédrale de Vence, en présence de messire Claude Baussy, curé de Vence, et Jehan Estable, vicaire de Coursegoules, qui étaient les auteurs de ces réformes, sous l'épiscopat de Mgr J. de Palavicini; le notaire fut Michel Malivern.

Il y avait à Vence un archidiaconé créé au commencement du xve siècle par Mgr Louis de Glandevez, qui le dota royalement des directes qu'il possédait à Nice, rue de la *Peyrolière*, et des seigneuries de Saint-Martin-Lantosque et de Venanson, situées dans le comté de Nice. Ces riches dotations excitèrent la jalousie des évêques successeurs de Mgr de Glandevez, qui, ne pouvant souffrir à leur côté un archidiacre plus riche qu'eux, et d'accord avec le chapitre, demandèrent la suppression de l'archidiaconé et la réversion de ses bénéfices sur les menses épiscopales et capitulaires. Toutefois, l'archidiacre ayant démontré que sa dotation lui venait de biens patrimoniaux des seigneurs de Glandevez, lesquels n'avaient jamais appartenu à l'évêché de Vence ni à son chapitre, et ne pouvaient, par conséquent, leur faire retour, on le laissa paisiblement jouir de ses revenus jusqu'en 1661. Mais à cette époque, messire Gaspard de Barcillon, alors archidiacre, eut l'imprudence d'aliéner pour quelques années les droits qu'il possédait dans le comté de Nice. Puis, à l'expiration des délais, lorsque le moment fut venu de reprendre possession de ses biens, on lui souleva toutes sortes de difficultés. Sur la plainte qu'il fit à la cour de Turin, il lui fut répondu que le gouvernement ne pouvait plus autoriser des bénéficiers d'une nation étrangère à posséder des domaines dans les États de Savoie; et ses biens furent versés dans les domaines de la couronne.

A partir de ce jour, la condition de l'archidiacre devint de plus en plus précaire, il n'eut plus que la dotation d'un chanoine, et ne l'obtint même qu'en vertu d'un arrêt de la cour d'Aix du 21 mai 1663. Mgr Godeau le dota d'une terre à Nôves, près Vence, qui lui permit de vivre tant bien que mal; mais sa situation était si misérable, que la maison de l'archidiaconé étant tombée en ruine en 1664, ne fut plus relevée. En 1716, le procès-verbal de visite pastorale de Mgr Flodoard Moret de Bourchenu déclare qu'il l'a trouvée totalement démolie, et les arrérages des tailles à payer, dépassant de beaucoup le prix du sol, il prie le chapitre de Vence d'en ordonner le rétablissement. A quoi les chanoines répondirent que c'était à l'évêque et non au chapitre à rétablir la maison de l'archidiaconé, qui était une fondation épiscopale. Cela traîna ainsi pendant tout le XVIIIe siècle, jusqu'à la tourmente révolutionnaire, qui emporta, dans un même tourbillon, l'évêché, le chapitre et l'archidiaconé.

Le premier archidiacre de Vence fut messire Michel de Bellegarde; ce bénéfice passa ensuite dans les familles d'Oraison, d'Albertas, de Barcillon, du Port et de Cormis. Cette dernière famille fournit les derniers titulaires.

L'évêché de Vence compte parmi ses prélats quatre bienheureux : saint Audin (363), saint Eusèbe (374), saint Véran (451), et saint Lambert (1154); un pape, Paul III, qui occupa cet évêché en 1508, sous son nom patronymique d'Alexandre Farnèse; plusieurs savants, Guillaume le Blanc (1588), Pierre du Vair (1601), qui était frère du garde des sceaux d'Henri IV, et deux académiciens,

Godeau (1638) et Surian (1727). Ce dernier, par son testament du 9 mai 1754, institua les pauvres de Vence et l'hôpital Saint-Jacques ses héritiers universels et leur laissa 200,000 livres.

D'après un inventaire du 10 juin 1507, que j'ai retrouvé dans les minutes de Me Honoré Culty, notaire, le trésor de la cathédrale de Vence se composait, à cette époque, des objets suivants (1) :

Deux grandes croix, dont une en vermeil et l'autre en argent.

La tête de saint Lambert avec la mitre, en argent.

La tête de saint Véran, également mitrée, en argent.

Une statue de la Vierge avec son piédestal et sa couronne, en argent.

Une crosse complète, en argent.

Trois canons pour un autre.

Quatre bourdons, en argent.

Une mitre neuve faite d'argent, de soie, de pierreries et de perles.

Une autre mitre vieille, aussi ornée de pierres et de perles, de peu de valeur.

Une mitre neuve, en damas.

Deux autres de peu de valeur.

Et une dernière, en satin.

Deux bassins, en argent.

Une custode, en argent.

Une autre, en laiton.

Deux encensoirs, en argent.

Deux burettes, en argent.

Un goupillon, en argent.

(1) L'orignal, en latin, est aujourd'hui déposé à la Bibliothèque nationale.

Une boîte à tenir les hosties, en argent.

La crosse de saint Lambert et deux de ses anneaux, en or.

Une statue de saint Jean, en argent.

Une statue de Notre-Seigneur, en marbre.

Une croix pontificale, en argent.

Huit calices en argent, dont trois grands et cinq petits.

De nombreux objets ouvrés, de valeur, et quelques pierres précieuses, renfermés dans une vieille armoire.

Une châsse en cuivre, dans laquelle se trouvent les reliques de saint Lambert.

Deux grands candélabres, en laiton.

Deux autres, en argent.

Après quoi, l'inventaire mentionne de nombreux missels en parchemin, reliés et ferrés, d'autres en papier pour l'usage des chantres et passe à la nomenclature des vêtements, parmi lesquels il signale de nombreuses chapes, chasubles et dalmatiques, en damas, satin, velours ou *cataloufe*, qui sont constellées, fleuries et brodées de fils d'or, et finit par la liste des nappes d'autels, etc.

Que sont devenus tous ces objets, on ne peut le préciser; mais il est certain qu'à la fin du XVIIIe siècle, sous l'épiscopat de René de Bardonenche, il ne restait plus que les objets suivants :

Une grosse croix processionnelle, en argent.

Deux autres petites pour le maître-autel, une en vermeil et l'autre en argent.

Deux bourdons et huit chandeliers y compris les deux acolytes.

Un bassin, un encensoir, un goupillon, des burettes et une clochette, le tout en argent.

Un ostensoir et un ciboire en vermeil et quelques vases sacrés.

Enfin deux châsses, dont une en argent et l'autre en vermeil.

Cette dernière nomenclature est encore diminuée de nos jours, car, sauf deux bustes en cuivre argenté, représentant saint Véran et saint Lambert, don de Mgr Pisani de la Gaude, dernier évêque de Vence, et la crosse de Godeau, on ne trouve plus au trésor de la cathédrale que le strict nécessaire pour le service divin, c'est-à-dire trois calices, deux ostensoirs et deux ciboires. Tout le reste a disparu, sans qu'il soit possible d'en retrouver des traces.

On a généralement l'habitude de faire retomber sur la Révolution et les révolutionnaires, la responsabilité de ces disparitions ; c'est un moyen commode et qui dispense de donner d'autres explications. Le vent révolutionnaire a passé là-dessus, c'est bientôt dit, cela fait bien dans la phrase, et qui plus est cela contente le lecteur. Il se dit : « Ah ! la Révolution a passé par là, c'est bien fini alors, inutile de chercher davantage; où les sauterelles ont passé on ne trouve plus d'herbe », et le tour est fait. Certes, je ne prétends pas nier les actes de vandalisme commis, surtout dans les églises, par les révolutionnaires, mais ce que je veux établir, c'est que dans certaines localités, à Vence, par exemple, aucun acte de ce genre ne peut leur être reproché et les trésors n'en sont pas moins dévastés; quels sont donc les coupables? Hélas ! cela est triste à dire, ce sont ceux-là mêmes qui ont eu la garde de ces richesses, ceux qui devaient les protéger, les faire respecter, ce sont, en un mot, des curés peu éclairés qui, à force de ventes à vil prix, d'échanges et de *réparations,* sont venus à bout de détruire tout ce que le temps et les *révolutionnaires* avaient épargné.

Cela ne s'est malheureusement pas passé à Vence seulement, une foule de communes sont dans ce cas, et je ne crains pas de le dire, il eût été cent fois préférable, pour elles, de subir une fois pour toutes les déprédations, les vols et les incendies de la terreur. Le mal eût été très-grand, mais une fois passé, nous serions au moins tranquilles sur ce qui aurait été épargné, tandis que dans le cas présent, qui nous défendra de ces dévastations, qui, pour être inconscientes, n'en sont pas moins réelles; où et quand s'arrêteront cette fureur de mercantilisme, cette passion d'échange et de réparation! Sommes-nous sûrs de retrouver demain ce que nous décrivons aujourd'hui? L'évêque de Fréjus, dont dépend Vence et son canton, vient, nous dit-on, d'interdire à ses curés de ne rien vendre, échanger ni réparer de ce que contiennent les trésors de leurs églises; voilà certes un exemple qui devrait être suivi par tout le haut clergé de France. Nous ne pouvons que féliciter le savant prélat de son initiative, et tant qu'il occupera le siége de Fréjus nous serons sans inquiétude sur les richesses archéologiques de son diocèse; mais qui nous garantit que ses successeurs, de même que ses prédécesseurs ne laisseront pas de nouveau leurs curés maîtres absolus de leurs églises et du mobilier qu'elles contiennent. L'intervention d'un évêque éclairé n'est donc qu'un palliatif momentané, dont nous ne saurions nous contenter. Il faut attaquer le mal dans sa racine et le seul remède efficace, serait la création de chaires d'archéologie religieuse dans les séminaires. Les desservants seraient ainsi mis à même d'apprécier les objets confiés à leurs soins, et nous ne verrions plus, comme cela arrive trop souvent de nos jours, comme cela est arrivé notamment pour l'église de Saint-Honorat, les gardiens de nos monuments historiques se faire les ouvriers de leurs destruction.

(*A suivre.*)

PIÈCES JUSTIFICATIVES.

I.

ORDO DIVINI OFFICII OBSERVANDUS IN ECCLESIA VENCIENCI SECUNDUM ANTIQUAM ET LAUDATILEM CONSUETUDINEM USQUE OBSERVATUS TAM AB ANTIQUIS QUAM MODERNIS DOMINIS CANONICIS BENEFICATIS ET ALIYS SERVITORIBUS EIUSDEM ECCLESIE.

1

Et primo quod matutine pulsentur hora determinata seu determinanda per dictos dominos de capitulo et quod campanarii prosime existentes... faciant pulsationem ipsarum matutinarum per dimidiam horam sub pena unius grossi pro quolibet et vice qualibet applicanda mense capitulari.

2

Item, quod dicti campanarii, finita pulsatione matutinarum, illico et statim se habeant reperire in choro, nisi causa legitima subsistente sub pena predicta unius grossi pro quolibet et vice qualibet applicanda ut supra.

3

Item quod unus ex dictis campanariis qui non erit hebdomadarius habeat se reperire in choro, pro dicendo *venite exultemus* in parvo officio nostre domine sub pena predicta, applicanda ut supra.

4

Item quod subdiaconus et diaconus habeant se reperire semper in principio cujuslibet officii, tam magni quam parvi, ad ponendum libros in pulpito, nec non pro dicendo *venite exultemus* dicti parvi officii domine nostre in absentia dictorum campanariorum casu quo contingat dictos campanarios non interesse in officio ad evitandum omnes deffectus et scandalum quod generatur sepe numero in ecclesia propter eorum absentiam. Alii habeantur pro absentibus.

5

Item quod dicti subdiaconus et diaconus, habeant stare in psalmodiando tam in parvo quam magnò officio, seu officio vespertino, et de mortuis, capite discoperto coram pulpito, nisi causa legitima subsistente sub pena predicta unius grossi pro quolibet et vice qualibet applicanda ut supra.

6

Item quod dictus subdiaconus habeat dicere *gradus* in fine officii hore prime post preciosa sub pena predicta et in ejus deffectu, diaconus, aut alius de ecclesia minor aliorum sub predicta pena applicanda ut supra.

7

Item quod dicti diaconus et subdiaconus in magna missa habeant assistere devote et reverenter sacerdoti celebranti dictam magnam missam, nec tenere habeant aliquas horas in manibus ut actentius assistant dicto sacerdoti, sub pena predicta pro quolibet et vice qualibet, applicanda ut supra.

8

Item quod quilibet celebrans magnam missam habeat dicere passionem finita magna missa a festa inventionis sancte crucis mensis maij usque ad festam exaltationis sancte crucis mensis septembris, sub pena predicta applicanda ut supra pro vice qualibet nisi cadat aniversarium in eo, tunc diaconus teneatur dicere passionem ipsam.

9

Item quod domini beneficati tam precentor quam alii habeant se comperire in parvo officio nostre domine in *gloria patri* primi psalmi tam matutinali quam vespertino et illud officium continuare usque in fine, nec a choro recedere, nisi causa legitima subsistente. Alii habeantur pro absentibus.

10

Item quod dominus prepositus et alii canonici habeant se comperire, in officio matutinali et vespertino, in *gloria patri* primi psalmi magni officii et illud officium continuare usque ad primum *benedicamus*. Alii habeantur pro absentibus.

11

Item quod dictus dominus prepositus et alii canonici habeant se reperire in fine ultimi *Kyrie eleison* magne misse et ab illa non recedere. Alii habeantur pro absentibus.

12

Item, quod omnes tam domini prepositus, sacrista et alii canonici, precentor et alii beneficati habeant se reperire in fine ultimi *Kyrie eleison* in missa mortuorum, alii vero servitores in principio et quod omnes predicti habeant etiam interesse in absolutione mortuorum fienda in fine dicte misse. Alii habeantur, pro absentibus.

13

Item quod dicti beneficati, habeant se comperire in principio tam parvi quam magni officii in horis dicendis et a choro non recedere donec hora nona adcompleta fuerit. Alii pro absentibus habeantur.

14

Item pariter, quod omnes de ecclesia cujuscunque gradus et conditionis existant in parvo et magno officio beate virginis Marie dicendo exceptis lectionibus et laudibus magni officii dicte beate virginis Marie habeant semper stare sub pena unius grossi pro quolibet et vice qualibet applicanda ut supra.

15

Item quod dicti domini beneficati qui pro tempore erunt choriste, habeant exercere eorum officium juxta descripta in tabula per dominum precentorem sub pena unius grossi pro quolibet et vice qualibet applicanda ut supra.

16

Item quod dicti domini beneficati choriste, si officium sit simplex vel duplex, seu officium fiat de feria, quod ambo choriste habeant sedere, super scamnum in choro existens, nisi fiat officium de domina, sub pena unius grossi pro quolibet et vice qualibet applicanda ut supra.

17

Item quod omnes choriste suum officium decenter exercere habeant per se vel alios ydoneos sufficientes sub pena duorum solidorum pro quolibet et vice qualibet applicanda ut supra ne sit deffectus in ecclesia vel generetur scandalum in populo.

18

Item quia domini curati debent incipere officium, quod ille qui erit hedomadarius habeat se comperire in principio cujuslibet officii tam parvi quam magni pro dicto officio incipiendo illico pulsato dicto officio. Alii habeantur pro absentibus.

19

Item ut discretius omnia in ecclesia fiant efficiendo, quod a cetero omnes tam reverendus dominus prepositus quam domini sacrista et alii canonici, precentor et alii beneficati et omnes alii servitores de ecclesia habeant stare capite discoperto quando dicuntur benedictiones in officio matinali et pariter stare in dicendo responsoria tam in officio matinali quam vespertino sub pena predicta unius grossi pro quolibet et vice qualibet, applicanda ut supra.

20

Item quod omnes de ecclesia tam domini prepositus, sacrista, canonici quam beneficati et servitores quando officium est duplex et dicuntur antiphone tam matinales quam vespertine habeant stare sub pena unius grossi pro quolibet et vice qualibet applicanda ut supra.

21

Item quod a cetero nullus de ecclesia cujuscunque dignitatis, gradus et conditionis existens habeat tenere aliquas horas in manibus in missa tam magna quam de mortuis et actentius dictum officium celebretur sub pena predicta unius grossi pro quolibet et vice qualibet, applicanda ut supra.

22

Item quod a cetero nullus habeat recedere a choro in dicendo officium dominicum, nisi causa legitima subsistente ne generetur scandalum in populo. Alii habeantur pro absentibus.

23

Item quod nullus existens in choro habeat ingredi et egredi librariam excepto domino precentore vel alio per eum misso pro officio inveniendo, donec totum officium completum fuerit nisi aliquis sacerdotum se confiteri voluerit pro missa celebranda sub pena predicta unius grossi pro quolibet et vice qualibet applicanda ut supra.

24

Item quod a cetero non fiat murmur in choro quavis de causa etiam pro officio celebrando sub pena duorum grossorum pro quolibet et vice qualibet applicanda ut supra; quia est officium domini precentoris ordinare et precipere in choro cuilibet de ecclesia etiam cujuscumque gradus seu conditionis existat et si forte aliquis deffectus seu error commitatur inadvertentia seu negligentia dicti domini précentoris, finito tali officio deffectus et error corrigatur per dominos de capitulo juxta casus exigentiam.

25

Item ad corrigandum deffectus aliquorum dominorum tam canonicorum quam beneficiatorum et aliorum de ecclesia si comperientium retro magnum altare quando debet celebrare magna missa loquentium, murmurantium, male dicentium de multa inhonesta loquentium que non decent viros ecclesiasticos, quod nullus a cetero tunc temporis habeat se comperire in dicto loco sub pena duorum grossorum pro prima vice et quatuor grossorum pro secunda pro quolibet, pro tertia vero vice corrigatur per dominos de capitulo juxta casus exigentiam.

26

Item quod nullus beneficiatorum et aliorum servitorum de ecclesia habeat celebrare missas dum celebratur missa mortuorum sub pena duorum solidorum per quolibet et vice qualibet applicanda ut supra.

27

Item quod nullus beneficiatorum et aliorum servitorum de ecclesia habeat ire extra territorium presentis civitatis saltem quod moram faciant, ultra unam diem, sine licencia majoris dicti capituli sub pena duorum solidorum pro quolibet die applicanda ut supra.

28

Item quod nullus de ecclesia cujuscunque seu dignitatis existens habeat perturbare administratorem in fiendis distributionibus tam vini quam bladi et si aliquis querellans prethendat aliquod interresse adeat dominos de capitulo pro justicia sibi munstranda sub pena privationis suorum distributionum unius mensis.

29

Item quod administratores qui pro tempore fuere et fuerunt habeant integraliter persolvere stipendia tam domino preposito quam aliis dominis canonicis beneficiatis et aliis servitoribus respective. Alii non admittantur in suis rationibus reddendis donec ipsa stipendia fuerint integraliter persoluta.

30

Item quod ab inde inanthea nullus administrator capituli audeat tenere penes se de redditibus ipsius capituli ultra summam scutorum decem et quod summe restantes ipsorum reddituum reponantur in archivijs ejusdem capituli sub pena amissionis suorum stipendiorum ratione sue administrationis.

31

Item quod omnes providores capituli, tam preteriti quam futuri habeant reddere rationem sue vilicationis dominis administratoribus qui fuerunt et erunt tempore sue procurationis, quorum procuratorum est officium exigere redditus vestiariorum et personatus domini Pontii ac missarum dominorum archidiaconi canonici Vitalis et magistri Albanelli, diaconatus et subdiaconatus et jurium funeralium.

32

Item quod administrator capituli in fiendis distributionibus vini si aliquis recuset recipere vinum, administrator ipse interpelare habeat coram testibus talem recusantem ut recipere habeat vinum ipsum; et facta interpelatione, si talis interpelatus non recipiat dictum vinum erit periculo et fortuna ipsius recusantis.

33

Item quoad missas per reverendum dominum episcopum super distributionibus retinendum domino canonico Escuerii, habito prius voto reverendi domini prepositi et domini canonici de

Villanova in infirmitate constituti et in presenti civitati existentis, ordinarunt exequi mentem et tenorem ipsarum pro mune citra tamen prejudicium juris venerabilis capituli cui derrogare non intendunt et exequendo preceperunt domino Johanne Raymundi canonico et administratori dicti capituli ibidem presenti audiat de intelligenti ne dictas distributiones eidem domino Escuerii expedire habeat donec alium fuerit ordinatum.

34

Item quod a cetero dominus precentor habeat tenere falherium ac bene et decenter punctuare in presentia antiquioris beneficiati et observare facere habeat dominus precentor dictos ponctuando delequintes in presentia dicti antiquioris beneficiati.

Actum in sacristia ecclesie venciencii, presentibus venerabilibus dominis Claudio Bauci presbytero civitatis Vencie et Johanne Stabilis presbytero ville Sancti Pauli testibus sub die decima nona septembris 1552.

EDMOND BLANC,

Correspondant du ministère de l'instruction publique pour les travaux historiques.

PARTICULARITÉS

DU

COSTUME DES ÉVÊQUES DE POITIERS

AU XIIe SIÈCLE

> « Qui miex set, miex doit enseigner.
> Cascun doit monstrer son savoir. »
> (*Vie de saint Nicolas.*)

Les carmélites occupent à Poitiers l'ancien prieuré de Saint-Hilaire de la Celle, dont l'église, en style roman de transition, subsiste encore en grande partie. Or, au mois d'avril dernier, elles ont découvert dans le transsept méridional, qui ne sert plus aux offices divins, à quelque profondeur en terre, deux fragments d'une statue, une tête et un buste, que la présence de la mitre indique comme étant une statue d'évêque. Peut-être représentait-elle saint Hilaire, mais cela importe peu pour la seule question qui me préoccupe ici, à savoir le costume épiscopal.

La sculpture est un peu sèche et dénote le XIIe siècle avancé. Quelques traces de peinture attestent que la statue n'était pas purement décorative, mais qu'elle a été probablement l'objet d'un culte. Ce qui me confirme dans cette opinion, c'est que l'ornementation s'étend aussi à la partie postérieure, travail inutile si elle eût été appliquée directement contre un mur; elle devait être, sinon isolée, du moins détachée de la paroi, comme toute statue dressée sur une console.

J'ai à examiner, à propos de ces deux fragments qui appartiennent à la même statue, une mitre, une chasuble et un *superhumerale,* trois parties du costume qu'il peut être utile d'étudier au double point de vue de la liturgie et de l'archéologie.

I.

La mitre coiffe la tête, détachée du tronc et grosse comme le poing environ. Tous les détails en sont parfaitement accusés et intacts. Cette mitre est très-basse, comme on les portait alors; son aspect même est celui des mitres du temps. Si donc je m'y arrête, c'est qu'elle présente une disposition de galons qui n'est pas ordinaire.

La mitre romaine est bien connue (1). Sa pointe est triangulaire, et chacune de ses faces ornée de deux galons ou orfrois, posés l'un horizontalement, en cercle, selon l'expression des liturgistes, l'autre verticalement ou en titre (2). M. Viollet-le-Duc, dans son *Dictionnaire du*

(1) Voir ma *Lettre sur la mitre romaine*, p. 2.—En 1049, le pape saint Léon IX écrivait à Ebherard, archevêque de Trèves : « Romana mitra caput vestrum insignimus, qua et vos et successores vestri in ecclesiasticis officiis romano more semper utamini semperque vos esse Romanæ Sedis discipulos reminiscamini. »

(2) V. ma *Monographie* de la cathédrale d'Anagni, à l'article *trésor*, p. 61 et suiv. — Le cérémonial de Grégoire X.

Mobilier, au mot mitre, a cherché et donné d'une manière très-ingénieuse l'origine de ces galons, qu'il suppose toujours placés à l'endroit des coutures et motivés par elles. En théorie, ce peut être vrai, mais du titre seul. Comme dans la pratique, il y a un cercle nécessairement uni à un titre, il faut donc rejeter cette explication comme insuffisante pour la plupart des cas. Il est péremptoirement démontré par le cas actuel que le galon ne procède pas de la couture qu'il serait appelé à déguiser, mais qu'il forme un motif d'ornementation spéciale.

A Poitiers, et à la même époque à Angers, au tombeau d'Ulger (1), nous sommes en possession d'un type qui n'est pas du tout le type romain et qui admet une double altération : d'abord dans l'ajustement des galons, puis dans la manière de porter la mitre.

Comme à Rome, la mitre poitevine a bien un titre et un cercle, mais elle est ornée en plus d'un galon qui contourne le triangle, d'un second galon qui traverse la coiffe et enfin surtout de deux galons obliques appliqués sur chaque face. Ces galons sont parfaitement indiqués comme tels par la sculpture qui, à ces endroits, a quelque épaisseur, toutefois sans largeur ni décoration quelconque. Plus larges, brodés ou gemmés, ce seraient de véritables orfrois. Or, au XIIe siècle, la petite dimension de la mitre n'autorisait guère ce surcroît de luxe. En lin, laine ou soie blanche,

au XIIIe siècle, décrit ainsi les trois espèces de mitres usitées alors : « Prima est alba tota; altera de auriphrygio in titulo, sine circulo; tertia auriphrygiata in circulo et in titulo. »

(1) V. *Not. arch. sur les tomb. des évêq. d'Angers,* par de Farcy. Voir dans l'album, le tombeau d'Ulger, dont la mitre présente deux cornes, plus le double galon en titre et en cercle, avec un semis de gemmes.

la mitre se rehaussait simplement d'une passementerie d'or (1).

Plus tard, comme de nos jours, mais à la fin du moyen âge surtout, la mitre est pour ainsi dire encadrée dans ses galons. Le plus ancien exemple de ce genre se voit à Poitiers, dès le XIIe siècle, et la raison en est que l'artiste voulut tout simplement faire riche. Ceci est insolite pour l'époque (2), mais se retrouvera ultérieurement et définitivement adopté (3). C'est donc curieux surtout comme date reculée à l'extrême limite.

Les galons obliques, séparés par le titre, forment un triangle isocèle. Se présentant ainsi de face, la mitre a un faux air de la tiare conique du moyen âge. Plusieurs évêques ne se firent pas scrupule d'usurper cet insigne papal : j'en citerai bientôt un mémorable exemple à l'occasion des portes de bronze de la cathédrale de Bénévent (4).

(1) Au commencement du XIIIe siècle, Sicard, évêque de Crémone, laissait ce renseignement précieux sur les mitres de son temps : « Mitra..., ex bysso conficitur, auro et gemmis ornatur. » (*Mitrale*, lib. II, cap. 5.)

(2) Voir une mitre avec cercle, titre et galons en triangle, dans les *Nouv. mélang. d'arch., décorat. d'égl.*, p. 10. Le monument figuré provient de la cathédrale de Burgos.

(3) Au portail de la cathédrale de Poitiers, qui est du XIVe siècle, un évêque porte une mitre, dont la corne est galonnée. Sur les tombes de Guillaume de Beaumont (1240), Nicolas Geslant (1290), Hugues Odard (1332) et Foulques de Mathefelon (1355), reproduites par M. de Farcy, d'après Gaignières, la mitre, ornée du titre et du cercle, est également bordée d'un galon tout le long de la corne.

(4) Au portail de la cathédrale de Reims, S. Sixte, premier évêque de ce siège, porte la tiare (*Rev. arch.*, t. XXXI, p. 181). A l'abbaye d'Orbais (Marne), saint Rieul, archevêque de Reims,

Donc, dans ce triangle anormal, je vois la combinaison de la tiare pontificale avec la mitre épiscopale (1). On n'ose pas s'attribuer une coiffure spéciale que l'on sait réservée par le droit à l'évêque des évêques, mais on en prend ce qu'on peut, et, à défaut de la chose elle-même, il y en a comme le reflet, l'image, le souvenir. Un tel procédé est tout à fait dans les mœurs du temps.

Le galon qui coupe la coiffe part latéralement au-dessus des oreilles et s'étend transversalement sur le fond du soufflet. Qu'en conclure, sinon qu'il avait pour mission de maintenir la mitre rigide et ouverte? La mitre romaine s'aplatit et se distend à volonté, grâce au soufflet intermédiaire. La mitre française ne se fermait pas, et on prenait

était représenté sur « son tombeau et à la porte, » « avec une mitre ronde en pointe comme un pain de sucre » (D. Martène et D. Durand. *Voyage littér. de deux bénédictins*, Paris, 1717, in-4°, p. 75).

(1) Dans les *Nouveaux mélanges* (*décor. d'égl.*), p. 8, est figurée, d'après un monument du musée de Toulouse, une très-curieuse coiffure épiscopale, dont on ne donne pas la date, mais qui ne remonte pas au delà du XIIIe siècle: la partie antérieure représente une tiare, et la partie postérieure, beaucoup plus basse, la corne d'une mitre. La gradation observée dans les trois monuments cités ici serait donc la suivante : d'abord, on usurpe la tiare, puis on la combine avec la mitre, et enfin, sur la mitre elle-même, on en maintient la figure.

Des usurpations analogues se constatent jusque chez les juifs. En effet, Benjamin de Tudèle rapporte qu'au XIIIe siècle, le *Prince de la captivité*, qui résidait à Bagdad, avait, dans les cérémonies, « la tête couverte d'une grande tiare, » comme s'il eût succédé directement au grand-prêtre de la loi mosaïque (*Rev. de l'art chrét.*, t. XXII, p. 391). L'archéologie constate que les grands rabbins des communautés juives se modelaient pour le costume sur leur chef hiérarchique (*Ibid.*, p. 390).

d'avance ses précautions pour qu'elle ne se fermât pas. Ce système a été renouvelé à notre époque, entre autres par feu l'évêque d'Angoulême, Mgr Cousseau, qui ne se doutait certainement pas faire en cela œuvre archéologique. Il l'avait adopté par commodité, car l'expérience démontre qu'entre les mains des chanoines assistants les mitres ne restent pas longtemps sans déformation. J'ai vu avec peine celles du jeune évêque de Tarentaise ainsi *faussées* et notablement endommagées par l'inhabileté de son chapitre. Au moyen âge, on avait peut-être prévu cela.

Le galon transversal empêche donc la brisure (1) sur les côtés et tient à égale distance les deux cornes qui, actuellement, *pincent*, c'est-à-dire se rejoignent presque toujours : c'est un défaut, inconnu jadis. Les cornes distinctes sont essentielles à la mitre, et le Pontifical a soin d'en expliquer le symbolisme. Dans les mitres *pincées*, le symbolisme disparaît, puisqu'il n'y a plus qu'une seule corne apparente (2).

Or, au moyen âge, les évêques tenaient tellement à montrer ces deux cornes, souvenir des deux jets de lumière qui illuminaient le visage de Moïse, que beaucoup posaient leur mitre de travers. Nombre de représentations figurées nous les montrent ainsi mal et disgra-

(1) V. les *Nouveaux mélanges d'archéologie, décoration d'églises*, p. 6. On y donne en gravure sur bois la mitre d'un évêque, d'après un vitrail de la cathédrale de Chartres : l'orfroi latéral est perlé.

(2) Le Pontifical met en relief les deux cornes symboliques de la mitre : « Imponimus... capiti hujus antistitis... galeam... quatenus, decorata facie... cornibus utriusque testamenti, terribilis appareat adversariis veritatis ; et te ei largiente gratiam... qui Moysis famuli tui faciem ex tui sermonis consortio decoratam lucidissimis tuæ claritatis ac veritatis cornibus insignisti. »

cieusement coiffés. J'ai hésité longtemps à adopter cette idée, que je rejetais sur la fantaisie de l'artiste, mais il faut enfin que je me rende à l'évidence. Si les mitres ont été, aux XIIe et XIIIe siècles, dessinées de cette manière, c'est qu'il s'est rencontré des évêques qui ne les portaient pas autrement. La statue de Poitiers présente un typé complexe. Quoique posée de face, suivant l'ordre régulier, elle pourrait tout aussi bien se mettre différemment, car elle est pourvue de ce second titre, qui est si sensible sur la mitre de l'évêque d'Angers, Ulger, dont les cornes sont encore mieux accusées que sur les mitres ordinaires.

Enfin les deux fanons, tombant sur les épaules, plus longs que la mitre, mais non frangés (1), sont rapprochés et droits : leur étroitesse les réduit à un simple galon.

(1) Sicard insiste sur les franges qui terminent les *languettes* ou fanons : « Mitra... habet duo cornua duasque linguas posterius et fimbrias dependentes inferius » (*Mitrale*, lib. II, cap. V). Le P. Cahier, en voulant corriger ce texte, où il a substitué *aut* à *et*, donne *fimbrias* comme synonyme de *linguas*, tandis qu'en réalité, ce sont deux choses distinctes. Les languettes, dit Sicard, sont rejetées par derrière, et à ces languettes pendent, au-dessous, des franges, dont le symbolisme, en raison de leur couleur rouge, a été plus d'une fois relevé par les mystiques des XIIe et XIIIe siècles. — Dans le même volume (*Nouv. mél., décorat.*, p. 15), je signalerai une autre erreur. La mitre de Tolède ne porte pas *Ecce Mater Domini*, ce qui jure avec la crucifixion représentée au-dessus, mais, selon la gravure qui n'est pourtant pas difficile à lire : ECCE CRUCE*m* DNI. Une fausse lecture entraîne à des suppositions inadmissibles; c'est le lecteur qui a tort, mais charitablement il s'en prend à l'artiste.

II.

Le buste, découvert à Saint-Hilaire de la Celle, est brisé à la ceinture. Au cou se voient encore les deux fanons de la mitre.

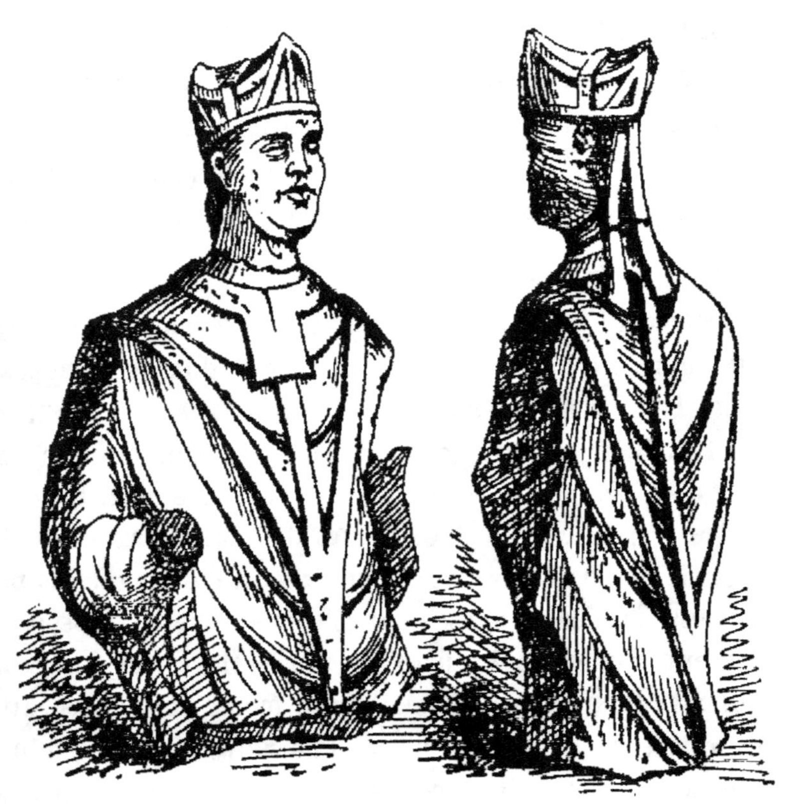

Le vêtement porté est la chasuble, souple, collante et à plis, fort dégagée à l'encolure. Elle est décorée, en avant et en arrière, d'un double galon, qui n'a pas encore les proportions d'un orfroi : l'un monte droit, verticalement; l'autre, partant à peu près de la ceinture, se bifurque en

Y (1). Tous les deux vont aboutir au col. On a voulu y voir une croix, il faut quelque bonne volonté pour cela (2). Le même ornement se constate sur des sandales épiscopales (3). Cependant, à la rigueur, le texte si répété de l'Imitation lui est applicable, croix devant, croix derrière (4). Ce livre mystique est, à mon avis, du XIIIe siècle et d'origine italienne; mais, en Italie, d'après les monuments, la croix était autre, et de même en France, au XIVe, si je

(1) Voir une chasuble identique, à l'effigie de saint Martin, sur la châsse de saint Calmine, qui est du XIIe siècle (*Nouv. mél.*, t. II, p. 147).

(2) Le P. Cahier incline à ce sentiment, peu manifesté encore : « La broderie antérieure et postérieure était sensée représenter une croix, surtout lorsqu'elle formait rencontre avec un galon qui passait sur les épaules » (*Nouv. Mél.*, *décorat.*, p. 18). Cependant, pour être juste, je dois faire observer que sur un calice d'Hildesheim, qui est de la fin de l'époque romane, lé Christ est attaché à une croix dont les bras sont en Y (*Ibid.*, p. 252) : mais le dessin du P. Martin est-il rigoureusement exact ?

(3) V. dans l'*Album* de M. de Farcy les tombes d'Ulger (1148), Guillaume de Beaumont (1240) et Nicolas Geslant (1291).

(4) « Sacerdos sacris vestibus indutus Christi vices gerit, ut Deum pro se et pro omni populo suppliciter et humiliter roget. Habet ante se et retro Dominicæ crucis signum, ad memorandum jugiter Christi passionem. Ante se crucem in casula portat, ut Christi vestigia diligenter inspiciat et sequi ferventer studeat. Post se cruce signatus est, ut adversa quælibet ab aliis illata clementer pro Deo toleret. Ante se crucem gerit, ut propria peccata lugeat. Post se, ut aliorum etiam commissa per compassionem defleat » (*De Imitat. Christi,* lib. IV, cap. 5, n. 2).

Quand on a voulu figurer la croix, l'idée première a été de rappeler la passion du Sauveur. Les autres idées n'ont ici qu'un rôle accessoire et secondaire, plus mystique que vrai.

m'en rapporte à la statue du cardinal Desprez, à Montpezat. Quoi qu'il en soit, croix ou orfroi, le galon de cette sorte constitue donc, à Poitiers, un type bien authentique du XIIe siècle. Pour l'histoire des transformations qui ont si souvent atteint les vêtements sacerdotaux, les moindres détails doivent être annotés.

III.

Le même buste offre un exemple, rare et curieux, de *superhumerale*. Voici sa forme exacte sur la statue poitevine. Une large bande d'étoffe unie entoure le cou : elle est en relief dans la sculpture, comme une pièce d'applique. Les deux extrémités se rejoignent en arrière et en avant, elles se prolongent comme le rabat moderne (1), partagées au milieu par un trait qui indique une couture ou deux pièces séparées.

Procédons par exclusion : ce n'est pas le col ou l'orfroi de l'amict, qui a sa forme spéciale, simple orfroi qui contourne le cou (2), mais ne fait pas bavette en avant. Ce n'est pas davantage l'*ephod*, tel que Mgr Bock l'a reproduit d'après un monument existant : il couvre les épaules et a de plus amples proportions. Je ne pense pas, non plus, que ce soit le contour de l'échancrure de la chasuble, qui a un aspect différent (3).

(1) Les rétrogrades, qui tiennent tant à ce futile et ridicule appendice, doivent être fiers de ce rapprochement.

(2) V. *Nouv. mél.*, *décorat.*, pag. 6, fig. D, E; pag. 8, fig. L; pag. 26.

(3) V. *Nouv. mél.*, *décorat.*, pag. 18, fig. A, C; pag. 22, fig. A; p. 23, fig. B, C; pag. 258, fig. G *bis*. — Au XIIe siècle,

Je ne trouve pas à cet objet d'autre nom que *superhumerale* ou fanon, qui s'applique, en effet, à cette étoffe légère qui enveloppe le cou et que, dès la fin du XIIe siècle, signalait le pape Innocent III (1). Ce serait avec ce texte (2), à peu près, le plus ancien exemple connu, en même temps que la plus ancienne coupe de cet insigne, qui, dans la liturgie moderne, affecte la forme d'une pèlerine et est réservé exclusivement au pape, lorsqu'il officie pontificalement. La coupe actuelle ne remonte pas au delà de Paul V.

Au tombeau de Martin V, à Saint-Jean-de-Latran (1431), le fanon se superpose à la chasuble, mais il est en étoffe mince et unie (3) et beaucoup plus développé qu'à

sur le pied du candélabre de Saint-Rémy de Reims (*Ibid.*, pag. 225), un prêtre a une chasuble, vue de face, dont le collet se combine avec l'orfroi vertical, qui en semble le prolongement. — Ce collet se voit aussi sur des costumes civils (*Ibid.*, pl. II).

(1) « Romanus pontifex post albam et cingulum assumit orale, quod circa caput involvit et replicat super humeros, legalis pontificis ordinem sequens, qui post lineam strictam et zonam induebatur ephod, id est superhumerale » (Innocent, III, de *Myst. mis.*, lib. I, cap. 53. — Guillelm. Durant, *Ration. divin. offic.*, lib. III, cap. 2).

(2) Le décret de Gratien, en citant la prétendue donation de Constantin, que Thomassin attribue au VIIIe ou IXe siècle, fait remonter jusqu'aux empereurs l'usage du surhuméral, *lorum* ou orfroi, qui complétait le costume impérial. Saint Sylvestre, par concession du premier empereur chrétien, aurait porté à la fois, le premier, la mître et le surhuméral : « Coronam capitis nostri simulque phrygium, necnon superhumerale, videlicet lorum quod imperiale assolet circumdare collum. » Du pape, ces deux insignes passèrent, probablement par concession, aux évêques.

(3) Cette étoffe rappelle l'*anaboladium* de lin qui fut l'ori-

Poitiers (1). D'autres types devront être cherchés ailleurs, pour expliquer les formes diverses de cet insigne, que l'on n'avait pas encore signalé comme étant en usage sur le siége de saint Hilaire.

Je ne veux point, incidemment, traiter à fond la question du surhuméral (2). J'aurai peut-être plus tard l'occasion d'y revenir, quand je continuerai l'étude des vêtements épiscopaux, dont j'ai déjà donné un spécimen dans les *Gants pontificaux*. Ce sujet vaut la peine d'être traité à part et longuement. Ici, je ne dois que poser des affirmations ou mieux des principes liturgiques, soit pour compléter, soit même pour rectifier le P. Cahier, qui, après Mgr Bock et M. Abel, est le dernier qui ait abordé la matière avec quelque ampleur, sans toutefois dire le dernier mot. Je m'attacherai à cette dissertation de dix-huit pages, qui a paru en 1874 dans les *Nouveaux mélanges d'archéologie* (*Ivoires, miniatures, émaux*, pages 183-202), parce qu'il est facile de la consulter et qu'elle contient une série de bois gravés, bien précieux pour élucider

gine du surhuméral : « Anaboladium amictorium lineum fœminarum quo humeri operiuntur » (Isidor. Hispalen., *Origin.*, lib. XIX, cap. 25).

(1) *Les chefs-d'œuvre de la sculpture religieuse à Rome, à l'époque de la Renaissance*, pl. LXVI. — Je dois protester ici contre l'assertion du P. Cahier qui m'accuse d'avoir « traduit en français » l'ouvrage de Tosi (*Nouv., mélang.*, *décorat.* p. 218). La vérité est que si les planches sont de Tosi, le texte français est exclusivement de moi et n'a rien à faire avec le texte de la première édition italienne. L'erreur était facile à éviter à la simple inspection du titre, où je ne pose nullement en *traducteur*.

(2) Honor. d'Autun, lib. I, c. 226; Yves de Chartres, *Serm. II de rebus ecclesiastic.*

pleinement les problèmes connexes de date, de forme et de symbolisme. Nous avons là, sous la main, tous les matériaux nécessaires, il n'y a plus qu'à savoir en tirer parti.

Le surhuméral, comme on le nomme en français, se combine sur les monuments, avec plusieurs autres pièces du costume, l'orfroi de la chasuble, le pallium, le rational et l'amict. Il ne peut donc se confondre avec elles et est alors quelque chose de parfaitement distinct. Il importe, dès le début, de bien préciser ce point en particulier.

L'orfroi de la chasuble, qu'il soit droit ou en Y, n'est pas le surhuméral. Il pare ce vêtement d'une manière presque permanente, aussi bien chez le simple prêtre que pour l'évêque. Il est donc à peu près certain, que sur les figures M et O (page 191), qui remontent au XIIe siècle, le surhuméral n'est pas cette bordure à laquelle pend un carré, car il est faux que ce carré représente l'échancrure de la chasuble, ce que l'inspection de la miniature déterminerait encore mieux; en effet, aux figures E et G (page 190), où la présence du surhuméral est incontestable, ce même carré reparaît à la base du cou, qu'entoure 'amict retombant. En tout cas, dans les deux types cités, ce qui vient au-dessous est indubitablement un orfroi.

Le pallium ayant sa physionomie propre, et, au moyen âge, n'étant pas restreint, comme de nos jours, à de mesquines proportions, toute erreur ou confusion est impossible pour un œil exercé.

Je crois qu'il serait téméraire de faire dériver le surhuméral du pallium (1), en ce sens que cet insigne ayant

(1) « On s'expliquerait ainsi pourquoi des chaires épiscopales.. .. auront eu soin de garder l'ancienne forme du pallium qui n'était plus signe ordinaire d'archiépiscopat..... Cette ori-

été réservé aux archevêques et primats, les évêques auraient voulu s'attribuer une fiche de consolation, lorsqu'ils en furent privés, en créant le surhuméral, qui, *à la longue*, se serait singulièrement éloigné de son type primitif. Tout cela est pure hypothèse et chimère. Que le surhuméral soit épiscopal, je le concède volontiers, mais il ne m'apparait pas clairement qu'il procède d'une rivalité quelconque.

Le rational est un bijou, non une pièce d'étoffe, appliqué au sommet de la chasuble, plus par symbolisme que par nécessité (1). Était-ce, comme l'estime le père Cahier, une espèce d'agrafe, réunissant les deux côtés de l'échancrure ?

gine du superhuméral me semble au moins n'être pas dépourvue de probabilité » (*Nouv. mél.*, t. II, p. 185).

J'ai peine à admettre avec Thomassin (*Remarques sur le décret de Gratien*) qu'à l'origine tous les ornements, moins l'étole, aient été de droit papal et que les papes les aient peu à peu octroyés à ceux qui leur en faisaient la demande ou qu'ils entendaient gratifier de quelque faveur. Que dans certaines circonstances déterminées ces demandes aient été faites formellement, c'est possible ; mais, généralement, les évêques n'attendaient pas le consentement du Souverain-Pontife pour se parer de tel ou tel insigne. De nos jours encore, n'avons-nous pas vu des usurpations de ce genre ? Pour n'en citer que deux, tous les évêques en France portaient la calotte violette, longtemps avant que Pie IX l'eût accordée à tout l'épiscopat catholique. N'ont-ils pas des croix à leurs sandales, quoique ce soit réservé au Souverain-Pontife seul ? Jugeons le passé d'après le présent et l'on comprendra que l'on n'y mettait pas tant de forme.

(1) Sur la châsse de Maestricht, publiée dans le tome II des *Nouveaux mélanges d'archéologie*, et qui date du commencement du XIIIe siècle, Saint Gondulf porte un rational carré, rehaussé de cinq pierres (quatre aux angles et une au centre) ;

Mais là encore la supposition est toute gratuite. L'échancrure qui donne passage à la tête est carrée et bien suffisante, sans qu'il soit nécessaire d'imaginer une fente verticale pour dégager l'encolure. Sans doute cet élargissement se retrouve ultérieurement, mais sous une autre forme, et on en consolide les bords avec un galon, ce qui se pratique encore, sur l'exemple du haut moyen âge qui galonnait le tour du cou pour lui donner plus de résistance (1). L'histoire du rational est encore à faire *da capo;* il n'est donc pas étonnant que « quelques auteurs » aient fait du *rational* et du *surhuméral* un seul et même objet (2).

L'amict, enroulement de linge très-sensible dans les figures C (page 189) et F (page 190), se complique plus tard d'un orfroi (fig. I, pag. 190 et J, K., pag. 191). Il est toujours facile de le reconnaître à l'échancrure qu'il laisse en avant, tandis que le surhuméral n'a pas de solution de

celui de saint Monulf est rond avec une rose; enfin, un troisième est carré avec une bordure de perles et un gros cabochon au milieu (p. 174, 177, 178).

(1) V. *Nouv. mél.*, pl. I. Un ivoire du XIIe siècle montre la tunique de David renforcée autour du cou et à l'échancrure.

(2) *Nouv. mél.*, t. II, pag. 187.

Au IXe siècle, Walfrid Strabon, comparant les insignes des prêtres de l'ancienne loi avec ceux de la nouvelle, fait correspondre au *superhumerale* la *mappula* (ce qui indique sa forme en bandeau et sa matière en linge) et l'*orarium* ou *rationale :* « Numero autem suo antiquis respondent, quia sicut ibi tunica, superhumeralis linea, superhumerale, rationale..... lamina, sic hic dalmatica, alba, mappula, orarium,....... pallium : unde sicut illorum extremo soli pontifices, sic horum ultimo summi tantum pontifices utuntur » (*De reb. ecclesiastic.*, cap. XXIV, ap. Migne, *Patrologie*, t. CXIX, col. 952).

continuité. La confusion est impossible, quand, n'adhérant plus à la base même du cou, le surhuméral s'en éloigne pour ne pas faire mentir son nom et s'étend aux épaules.

L'insigne, que je viens de dégager nettement des pièces du costume avec lesquelles il a été parfois confondu, constitue donc un type à part. Jusqu'ici, il semblait réservé aux siéges de Ratisbonne, de Toul, de Liége et d'Eichstaedt (1). Mgr Bock (2) s'était abstenu d'en limiter l'usage, et il avait raison, puisque nous le constatons maintenant à Poitiers au XIIe siècle. En cherchant bien, on le rencontrera encore ailleurs (3).

L'église de Toul prétend que c'est un privilége « de hoc privilegiatus (episcopus) existit ab antiquo » (4). Quand on ne peut préciser une époque, on se contente de dire : c'est antique, procédé vraiment trop commode pour les ignorants. En tout cas, cette antiquité est fort respectable, puisqu'elle apparaît « dès le Xe siècle » (5). Mais ce qui importerait beaucoup, ce serait de savoir quels « papes l'ont accordé. » On n'en nomme aucun et on ne cite aucun diplôme à l'appui de la tradition, très-vague malheureusement. Ne serait-on pas plus près de la vérité en avançant que cet insigne n'a pas été concédé par le Saint-Siége,

(1) *Ibid.*, pap. 183, 186, 188.

(2) Le premier, le docte prélat a publié le surhuméral d'Eichstaedt dans sa *Geschichte der liturgischen gewander*, 3e liv., pl. V.

(3) M. de Farcy me signale, dans un inventaire de la cathédrale de Vannes, daté de 1555, un « pectoral épiscopal de drap d'or, à une frange rouge de soye et d'or, doublé de taffetas rouge. »

(4) *Nouv. mél.*, t. II, pag. 186.

(5) *Ibidem.*

qui avait à sa disposition le pallium dont il a bien des fois orné des évêques eux-mêmes, sans qu'on sache précisément dans quel but et à quelle époque? Le *privilége*, s'il existe, n'est pas encore démontré.

Passons à la forme. Elle ne semble pas mieux fixée. Le P. Cahier en fournit vingt et une représentations, qui s'échelonnent du XIIe au XVIe siècle, en passant par le XIIIe, le XIVe et le XVe. Mais, chaque dessin ne constitue pas une variété. Les types peuvent se réduire à quatre : le collier, le collier à un pendant, le collier à deux pendants et le collier à bretelles.

Le collier est une large bande, rarement unie, plus souvent gemmée ou ornementée. Restreinte dans le principe, au XVIe siècle elle est devenue presque une pèlerine, analogue à celle de la simarre. Elle s'agrémente presque toujours de plaques circulaires qui correspondent aux épaules. Une seule fois, au XIIe siècle, elle se bifurque en Y.

Quand il n'y a qu'un pendant, il tombe droit, plus ou moins bas, mais jamais au-dessous de l'estomac, et se termine soit par une plaque, soit par un carré. Ces plaques finales, comme au pallium actuel, devaient être garnies de plomb, dans le but de maintenir l'équilibre.

Quatre fois, nous rencontrons les deux pendants, mais seulement au XIVe siècle et au XVIe.

Une fois, au XIIIe siècle, il existe trois pendants, dont un de face et les deux autres latéraux, tombant des omoplates.

Le quatrième type demande une description à part, en raison de son importance, sur laquelle n'a pas insisté le P. Cahier, en le publiant dans les *Nouveaux mélanges d'archéologie*, tom. I, pl. III. Il est emprunté à une miniature du XIIe siècle, extraite « d'un manuscrit du Niedermunster de Ratisbonne, aujourd'hui à la bibliothèque de Munich ». L'évêque de Ratisbonne, saint Erhard, *sanctus Erhardus*, est représenté célébrant et assisté, non pas d'un prêtre revêtu de l'aube, comme le dit l'auteur par erreur (page 31), mais d'un diacre en dalmatique. Sur la chasuble on remarque le surhuméral sous une forme nouvelle. C'est toujours le collier ou orfroi, mais descendu au bas des épaules et attaché, en avant et en arrière, par deux bandes latérales qui entourent le cou; aussi l'aspect est-il celui d'une pèlerine à jour. On dirait la *trabea* antique, qui tire son nom de sa ressemblance avec une poutre, établie circulairement autour des épaules et maintenue horizontale, à défaut d'épingles comme au pallium, par deux orfrois verticaux. Toute cette pièce est unie, bordée d'un simple galon. Au-dessous, elle se combine avec un orfroi, qui forme comme le pendant du collier et dont la figure géométrique est celle de l'orfroi habituel de la chasuble, avec double embranchement. L'Y ferait songer au pallium, mais la bande droite est bien celle de l'orfroi, lequel est orné de trois disques, tandis que deux moitiés de disques sont accolées aux branches de cette espèce de croix qu'agrémente une frange.

Le sens de l'ornement est précisé par des incriptions multiples.

La statue poitevine constitue, à elle seule, un type exceptionnel. D'abord, le surhuméral y entoure le cou directement, tandis que sur les autres types, même au XIIe siècle, la bande s'en écarte plus ou moins, mais n'y adhère pas. Ce n'est pas un orfroi précisément, puisqu'il est uni, autre rareté; en plus, il n'a qu'un seul pendant central, sans épaulières, mais ce pendant en vaut deux, car il est formé de deux pièces juxtaposées. Grâce à ce détail, nous savons d'une manière positive comment on taillait et mettait cet ornement : la bande se posait en arrière et se rejoignait en avant.

A Toul, le surhuméral se définissait ainsi : « Dicitur superhumerale ab humero, quia super humeros ponitur post casulam. Est stola larga fimbriata, circuiens humeros desuper cum duobus manipulis demissis ante et retro; circa scapulas ex utraque parte in modum scuti rotundi » (1). Cette description s'applique parfaitement aux deux surhuméraux conservés à Eïchstaedt et publiés par le P. Cahier (2). L'*étole* est historiée, égayée de clochettes métalliques formant frange, fixée aux épaules par deux plaques et prolongée en deux *manipules* ou fanons.

Fanon se disait autrefois du manipule : or, nous avons observé que sur les plus anciens types, il n'y eut d'abord qu'un seul manipule (fig. D, E, G, qui sont du XIIe siècle). L'accessoire fit donner son nom à l'ornement, et, même lorsqu'il y eut deux manipules, la dénomination ne fut pas changée, parce qu'elle était déjà acceptée et en vogue.

Le fanon du pape (3) n'a plus les deux pendants, mais il est double, ce qui en est peut-être l'équivalent. Une des pèlerines se place sous la chasuble et l'autre par-dessus.

Les liturgistes modernes y voient l'accord des deux tes-

(1) *Nouv. mél.*, t. II, pag. 186.

(2) *Ibid.*, pag. 184, 196, 199.

(3) Voir ce mot dans le *Glossarium* de Du Cange et le *Hierolexicon* de Macri. Ce dernier auteur voit dans le fanon un souvenir de l'ephod et dit que, comme lui, il contient les quatre couleurs décrites par l'Exode : c'est cinq qu'il faut dire, car l'écrivain sacré mentionne l'or, l'hyacinthe, la pourpre, l'écarlate et le lin : « Facient autem superhumerale de auro, et hyacintho et purpura coccoque bis tincto et bisso retorta, opere polymito » (XXVIII, 6). Actuellement le fanon n'admet plus que

taments, car le pape résume en lui le type des pontifes de l'ancienne loi et celui de la nouvelle, qui est le Christ. Mais celle-là ayant cessé légalement, la première pèlerine se dérobe sous la chasuble.

Ce symbolisme trouverait presque sa justification dans le plus vieux des surhuméraux d'Eichstaedt, qui fut brodé sur la fin du XIIe siècle, quoique son aspect soit plutôt roman. L'Ancien Testament y est représenté par les tribus d'Israel et une allégorie empruntée à Salomon : à la partie antérieure, les apôtres et les évangélistes font cortége à l'Agneau triomphant. Une inscription, placée en chef, insiste, avec l'Apocalypse, sur le double titre de fidèle et de vrai, FIDELIS ET VERAX, donné au Christ.

Au XIIe siècle, le surhuméral de Ratisbonne, inscrit sur ses deux disques *Doctrina*, *Veritas;* au XIVe siècle, le second surhuméral d'Eichstaedt admet, à peu près, le même symbolisme, qu'il résume dans ces deux mots VERITAS, DISCIPLINA. En effet, les vertus théologales ou cardinales (1), dont les noms y sont inscrits, tout en montrant que l'évêque doit être *orné*, suivant l'expresion de saint

trois couleurs : le fond de soie blanche est rayé verticalement or et amaranthe (V. *les Fêtes de Pâques à Rome*, p. 42; *le Costume et les insignes du Pape*, p. 11; *l'Octave des saints apôtres Pierre et Paul, à Rome*, pag. 57).

(1) L'idée des vertus s'attachait symboliquement, au moyen âge, à toute espèce d'insigne ou de vêtement ecclésiastique : « Ornamenta hæc sunt virtutum insignia, quibus tanquam scripturis, ait Yvo Carnotensis (*Serm. de rebus Eccl.*) utentes admonentur quid debeant appetere, quid vitare, et ad quem sua facta dirigere » (Durant., *De Ritib.*, *Eccl.*, lib. II, cap., 9). « Vestes, quibus corpus exterius decoratur, sunt virtutes quibus interior homo perornatur » (Honor. Augustodun., *Gemma anim.*, lib. I, cap. CLXXXXVIII).

Paul (1), aboutissent à cette résultante que l'évêque représente la vérité et est l'organe de la vérité, manifestée au monde dans les deux Testaments, mais plus explicitement déclarée dans le Nouveau, où le Christ a dit de lui : *Ego sum via, veritas et vita* (2). La voie, ce sont les vertus ; la vérité, l'enseignement doctrinal; la vie, la récompense finale dans la céleste patrie. Il est aussi la règle et la direction, *disciplina.*

Ces quelques mots résument tout le symbolisme inclus dans les surhuméraux anciens ou modernes (3).

Actuellement, le fanon est un insigne exclusivement papal, mais tout prouve qu'il n'en a pas été ainsi à l'origine ou dans la suite des temps. J'estime, au contraire, que ce fut, d'abord, un ornement sacerdotal (4), puis un insigne épiscopal (5), plus ou moins porté, plus ou moins

(1) « Oportet episcopum esse.... ornatum » (S. Paul., I ad Timoth., III, 2).

(2) S. Joann., XIV, 6.

(3) Ce symbolisme a varié au moyen âge, car, dès l'origine, saint Grégoire le Grand y voyait l'ornement des vertus pour les prêtres : « In utroque humero sacerdos velamine superhumeralis astringitur, ut contra adversa et prospera virtutum semper ornamento muniatur » (S. Gregor. Magn., lib. I, *Epist.* 24).

(4) « Ephod, vestis sacerdotalis, quæ superindumentum vel superhumerale appellatur. Est autem velut in caracallæ modum, sed sine cuculo : cujus vestimenti sunt duo genera, unum lineum et simplex, quod sacerdotes habebant; aliud diversis coloribus et auro gemmisque contextum quo soli pontifices utebantur » (*Eucherius*).

(5) Du Cange cite ces deux textes du xe siècle, au mot *Orale :* « Orales II, ex quibus unum auro et argento compositum » (*Charta Rudesindi, ep. Dumien*, an. 930). « Casullas duas, orales tres » (*Chart. Sisnandi, ep. Irien.*,

étendu, mais d'un usage facultatif, c'est-à-dire non dépendant du bon plaisir du Souverain-Pontife.

Le P. Cahier est trop timide quand il écrit : « L'espèce d'ornement qui se superpose à la chasuble de saint Erhard peut-être pris comme une sorte de signe abstrait qui désigne la dignité pastorale » (t. I, pag. 35). Ce signe n'est nullement abstrait; il est, au contraire, très-concret, et le miniaturiste s'est chargé lui-même de l'expliquer : sans ce secours opportun, nous n'y aurions certainement pas vu clair, tant le moyen âge est souvent lettre close, surtout en fait de symbolisme, pour les archéologues du XIXe siècle.

L'évêque, à l'autel, porte les vêtements des trois degrés de la hiérarchie par lesquels on monte jusqu'à lui : sous-diacre et diacre, il prend les tunicelles; prêtre, la chasuble. Pour spécifier encore sa dignité, il a pour ministres le sous-diacre, le diacre et le prêtre assistant (1). Le peintre du XIIe siècle a exprimé la même idée sous une autre forme dans le surhuméral prolongé en orfroi. La bande verticale (étole?) est pour lui le diaconat (même avec le sous-diaconat, si l'on veut, car elle est divisée en deux pièces), qualifié l'*ordre saint;* car le diacre est séparé du monde par le célibat et engagé au service du sanctuaire, ORDO SANCTORVM. Le sacerdoce, figuré par l'orfroi en Y, se nomme SACER PRINCIPATVS, et enfin sur la *trabea* est

an. 952). — « Neque indicia sacerdotii fert, superhumerale scilicet et evangelium » est-il dit, dans les *Collectanea* d'Anastase, de l'empereur que l'on parait d'ornements pontificaux.

(1) Attribuer un prêtre assistant à l'officiant, comme on le fait à Paris, est un non sens liturgique, que condamnent à la fois la tradition et le respect de la hiérarchie. On se fait assister par un inférieur, non par un égal.

écrit : IHRARXIA, c'est-à-dire l'ordre suprême. Le surhuméral représentait donc uniquement la dignité épiscopale placée au sommet de la hiérarchie ecclésiastique. Ce seul mot lève toute difficulté relativement à la signification attachée par le moyen âge à cet insigne.

La conséquence naturelle de l'abandon de l'insigne ou de la restriction papale fut que le pape seul désormais, dans le droit nouveau, peut en autoriser l'usage. Le prendre de soi-même serait une usurpation flagrante, tant les droits sont périmés. Et pour le concéder, il faut de graves motifs : Nancy, succédant à Toul dont le concordat a réuni les deux évêchés, a dû faire valoir une *coutume* ancienne, bien que longtemps interrompue. Quoi qu'il en soit, ce n'était pas le *fanon* actuel du pape qu'il fallait demander, mais le surhuméral traditionnel, même renforcé de *manipules*. Si l'on tient à revenir au passé, il faut le prendre tel qu'il se présente : or, les dessins du P. Cahier suffisent à montrer que le type *vrai* n'est pas celui de la pèlerine.

IV.

J'ai comparé l'échantillon fourni par la statue poitevine avec les types étrangers au diocèse, et j'ai pu déduire de cet examen quelques conséquences et peut-être aussi quelques principes. Ce n'est pas encore assez. Voyons si en Poitou nous trouverons une forme différente.

L'église de Saint-Hilaire-le-Grand a conservé sur ses murs quatre représentations d'évêques, peintes du XIe au XIIe siècle. Ces évêques n'ont pas de mitre, mais se reconnaissent facilement au bâton pastoral, et l'un d'eux a près de lui son nom, Fulbert, évêque de Chartres :

c'est aussi le plus intact, car les autres sont quelque peu altérés. Sur ces quatre je rencontre trois variétés de surhuméral, variétés qui, sans être absolues, ne permettent pas de confondre cet ornement avec le col ou orfroi circulaire, qui contourne le cou, comme une peinture de prêtre, superposée à celle d'un évêque, en fournit un exemple au côté droit de la grande nef.

L'évêque Fulbert, peint contre un pied droit d'arcade à la sacristie, porte un surhuméral uni et en linge, ou du moins en étoffe souple et mince. Comme couleur, il ne diffère pas de l'aube, ni même de l'orfroi en Y de la chasuble, laquelle est jaune ainsi que les sandales : il est donc blanc, légèrement teinté de bleu aux plis. Sa forme même démontre que ce n'est pas un amict, lequel, s'il paraissait, encadrerait le cou différemment. Trois pièces y sont nettement accusées, ou plutôt deux, si l'on aime mieux n'en faire qu'une seule de celle qui passe derrière le cou. L'étoffe est plissée et forme, à droite, trois plis et deux à gauche ; en avant, elle retombe en s'élargissant et est coupée carrément. Une bande horizontale relie le fanon de droite au fanon de gauche, auquel elle se superpose : on dirait la *trabea* antique. Ce type est aussi original que curieux : nous sommes là à l'origine, pour ainsi dire, de l'insigne.

Dans le second type, comme précédemment, le cou est entièrement à nu et le surhuméral l'entoure en carré : on dirait un large orfroi, différent du fond, à deux pentes latérales et une traverse horizontale. Ainsi est figuré saint Quintianus et autre évêque innommé.

Le troisième type reproduit le second, mais en l'agrémentant de broderies et de gemmes. Les deux fanons se terminent chacun par un carré, où une émeraude taillée en losange est encadrée de quatre perles. La bande qui unit ces deux plaques latérales est gemmée de la même façon. Le fond est rouge, bordé d'or.

Tout cela est plus ancien que la statue des Carmélites. Nous y suivons trois phases : surhuméral d'étoffe unie, surhuméral d'étoffe plus précieuse en manière d'orfroi, surhuméral brodé et gemmé. Cette pièce du vêtement épiscopal subissait donc la loi de la mode et l'importance qu'on lui donnait, en dernier lieu, témoigne qu'on tenait à en faire un insigne, sensible autrement que par son symbolisme.

La sculpture du portail de l'église de Notre-Dame-la-Grande, qui date du XIIe siècle, continue la tradition de l'église de Saint-Hilaire. Deux statues d'évêques sont debout à l'étage supérieur, près des tourelles. L'un et l'autre ont le surhuméral, semblable à ceux que je viens de décrire, c'est-à-dire deux larges bandes verticales, reliées par une autre bande horizontale, de manière à former le carré. L'évêque de droite a cet ornement uni sur une chasuble de même, tandis que celui de gauche le porte brodé de rinceaux avec un cabochon au milieu et sur une chasuble à orfroi.

La bibliothèque publique de Poitiers possède un curieux manuscrit du XIIe siècle, qui reproduit la vie de sainte Radégonde. Au début on voit saint Fortunat, écrivant sur ses genoux le prologue : *Incipit prologus* et, pour qu'il n'y ait pas de doute sur son identité, puisqu'il n'est pas coiffé de la mitre, le titre le désigne expressément : *Incipit vita beate Radegundis, composita a sancto Fortunato, Pictavorum episcopo.* Son nimbe indique qu'il a été inscrit au martyrologe poitevin. Sur sa chasuble rouge descend l'orfroi habituel, qui simule une croix sans tête, dont la hampe verticale se relie à une courbe légère qui va d'une épaule à l'autre. Autour du cou brille le surhuméral, de même forme que précédemment. Il est en or, avec des traits rouges, exprimant les contours et les carrés ou caissons intérieurs. L'orfroi horizontal comprend trois carrés juxtaposés; les deux bandes qui tombent à droite et à gauche ont chacune leur carré.

Plus loin, deux autres miniatures donnent deux autres formes du surhuméral. Elles sont notablement différentes, ce qui prouve que cet insigne variait quelque peu selon la fantaisie de chacun. Dans l'une d'elles, il abandonne la forme carrée pour s'assimiler presque à l'orfroi ordinaire, dont il diffère cependant ici. D'abord sa largeur est insolite et appelle nécessairement l'attention, puis il adhère directement au cou, en s'étendant toutefois à droite et à gauche, tandis que l'orfroi est toujours cousu plus bas. La bande supérieure est légèrement circulaire ; du milieu part une autre bande qui tombe droit, en s'élargissant légèrement à l'extrémité et se prolonge au-delà de la pointe de la chasuble. Ce surhuméral est d'un tissu d'or, qu'un filet rouge pourtourne, pour le détacher du fond auquel il adhère.

Le second surhuméral est également or et rouge, mais appliqué sur une chasuble cendrée, dont les plis sont accusés en rouge. Il est moins long que le précédent, puisqu'il n'atteint pas jusqu'à la pointe de la chasuble, mais il a en somme la même forme, variée seulement quant à l'ornementation. Un double filet rouge semble indiquer aux bords un riche galon qui affermit l'étoffe; la bande supérieure se distingue par une rangée de globules d'or qui donnent plus d'importance à cette pièce.

Ces deux derniers types présentent une modification notable dans l'insigne épiscopal, qui ne se modèle plus si strictement sur l'encolure et qui, en plus, se complique d'un pendant, d'abord très-long, puis moins long et enfin réduit, sur la statue de l'église de la Celle, aux dimensions du rabat français. De pareilles transformations, dans un espace de cinquante à soixante ans, demandaient à être observées de très-près. La liturgie a donc eu ses modes, aussi variées et multipliées que celles du monde. L'adoption rigoureuse du rit romain empêchera à l'avenir ces écarts injustifiables.

V

Je terminepar un aperçu qui n'est pas ici hors de propos. L'étoffe du fanon était très-légère, car il s'agissait d'ajouter un ornement en plus à ceux déjà assez nombreux dont est revêtu l'officiant. Actuellement encore, le fanon est mince et souple. L'art qui, à un certain moment, s'est emparé de tout, en l'embellissant, l'avait singulièrement surchargé. Les dessins du P. Cahier ne le présentent pas comme réunissant exactement ces deux conditions : sans doute, c'était plus beau, mais aussi plus incommode; plus voyant, mais moins conforme au type primordial.

Poussons plus loin. D'épiscopal, le surhuméral liturgique est devenu papal, mais il y eut une autre ramification, qui n'a pas encore été signalée, quoiqu'elle s'y rattache directement. Le surhuméral est resté épiscopal en tant que costume *civil*, c'est-à-dire hors de l'église. En effet, le cérémonial des évêques exige des prélats en voyage (1)

(1) « Dum iter agunt (episcopi), utuntur brevioribus vestibus.....; circa collum vero fasciam sericam coloris nigri, latitudinis duorum palmorum vel circa, longitudinis fere ad mensuram vestium pendentium (sub genu per palmum vel ultra) habere

qu'ils portent autour du cou une bande, qui n'est pas tombée en désuétude dans les usages de l'Italie. Aussi, Mgr Martinucci, dans son *Manuale cæremoniarum*, recommande-t-il aux évêques qui n'ont pas l'habit court, lorsqu'ils se rendent au concile provincial, de la remplacer par la mozette (1). Mais le curieux dans l'histoire de cette pièce, c'est que les évêques anglicans, m'assurait l'évêque de Southwarck, Mgr Grant, l'ont conservée comme insigne et qu'ils portent habituellement, en marque de leur dignité, une bande de lin autour du cou, espèce d'écharpe qui retombe en avant en double pendant.

Le P. Cahier a relevé, mais sans en expliquer le motif, l'existence d'une pièce semblable, nommée *beca*, que portent certains bénéficiers en Espagne. D'épiscopale, la bande serait donc devenue, à la longue, presbytérale.

J'en vois un autre vestige, *civil* encore, dans l'espèce de pèlerine qui contourne le col de la simarre, tant épiscopale que prélatice et même simplement presbytérale. Sous Benoît XIII et dans le Napolitain encore, elle n'a pas ces

consueverunt. In diœcesi autem vel provincia, mozzetta superinduenda est sine prædicta fascia » (*Cærem. Episcop.*, lib. I, cap. III, n. 6).

« Habitus viatorius est vestis talaris, quæ ultra genu descendit....., cui imponitur mantelum cum manicis sive alis... : supra mantelum adesse deberet fascia serica nigri coloris circa collum, quæ descendat ex parte anteriori et vulgo dicitur reflexus seu collare. Hæc tamen forma vestitus non ita pridem obsolevit » (Martinucci, *Man. sacr. cærem*, lib. V, pag. 10).

(1) « Si episcopus carebit habitu viatorio, induet vestem talarem cum fascia, mantelletum et mozzettam sine rocheto, ut habitus viatorii quamdam speciem prœbeat, siquidem episcopus in itineribus numquam utitur rocheto » (Martinucci, lib. VI, pag. 419).

fausses manches qui en ont altéré de plus en plus la signification.

A l'église même, voici une autre application du surhuméral, mais elle n'a pas été inventée pour le besoin de protéger le surplis contre la poudre des cheveux (1), quoique le P. Cahier donne cette seule raison à ce collet, qui est beaucoup plus ancien que l'emploi de la poudre. En Allemagne, tous les enfants de chœur portent ce collet rouge, qui se met sur l'aube ou le surplis ; j'ai même vu des dessins qui m'autorisent à croire que certaines parties de la France font de même. Ce collet, actuellement, est rapporté et surajouté; mais, à l'origine, ce dut être le collet de la simarre, sous lequel on passa le vêtement de lin propre aux offices choraux. En France, où la pèlerine (camail parisien, usité seulement l'hiver), depuis vingt-cinq ans environ, menace de devenir un costume *légal*, quoique très-anormal, au chœur, on se protégeait les épaules par l'aumusse de fourrure, qui était générale, mais qui maintenant, cessant d'être de droit commun, nécessite un *indult* pontifical qui, jusqu'à présent, n'a atteint que les chanoines. Les Allemands et les Flamands n'ont pas ignoré l'aumusse, mais elle semble chez eux plutôt un insigne; le commun avait sur le surplis un collet noir, qui allait de pair avec la couleur de la soutane, et les enfants de chœur le prirent rouge, comme leur soutane elle-même, à laquelle cet appendice adhérait.

Voilà tout ce qui reste actuellement d'une forme de vêtement, constatée authentiquement dès le XIIe siècle (X[e], dit-on à Toul), et à cette époque, insigne de la dignité épiscopale. Dans le dédale de ces modifications successives, de ces extensions et restrictions, il n'est pas facile de s'o-

(1) *Nouv. mél.*, t. II, pag. 189.

rienter. Toutefois, j'en ai dit assez pour montrer que le surhuméral de la statue poitevine s'ajoute comme un document important à ceux que l'on connaissait déjà. C'est un feuillet de plus, d'un livre dont les archéologues ont la mission de reconstituer patiemment et laborieusement toutes les pages éparses. L'histoire ne sera possible qu'à la condition que toutes les lacunes existantes seront comblées ; grâce à Dieu, la science a déjà fourni un contingent notable de renseignements utiles.

X. Barbier de Montault.

Prélat de la maison de Sa Sainteté.

TROISIÈME NOTE

SUR

L'ARCHITECTURE DE L'ORDRE DE GRANDMONT

La liste des prieurés de l'ordre de Grandmont, publiée par M. L. Guibert et par moi, dans les derniers numéros du *Bulletin monumental* (1), ne donne, sur la plupart d'entre eux, que des indications sommaires et incomplètes. Heureusement la nature d'un recueil comme celui-ci permet de revenir sur un sujet déjà traité pour compléter et rectifier un premier article. Je vais user de ce privilége pour ajouter des détails sur quelques-unes de ces maisons. Ils me sont fournis par plusieurs correspondants que je ne puis mieux remercier qu'en utilisant leurs notes.

M. Guibert m'écrit que dans une longue tournée, dans la Haute-Vienne et dans la Creuse, il a pu visiter plusieurs celles de l'ordre de Grandmont; qu'il n'a trouvé le plus souvent que des débris, mais que partout il a pu constater cette simplicité exagérée dont parle M. de Verneilh à propos de Badeix. A Trézen, la simplicité devient de la rudesse (voir n° 143). La chapelle n'est qu'une salle rectangulaire couverte d'une voûte de bois et ajourée au pignon de trois fenêtres longues et étroites, celle du milieu plus haute que les autres. Ce type, non encore

(1) 1874, p. 566. — 1876, p. 246 et 310.

signalé, répond aux premières années d'austérité de l'ordre.

4. Bersay (1). M. l'abbé R. Charles m'écrit : « Le prieuré de Bersay, dans la forêt de ce nom, commune de Saint-Mars-d'Outillé et *non de Marigné*, était la maison de l'ordre de Grandmont, la plus importante de nos environs. M. Cauvin (*Statistique de l'arr. du Mans*, 78) et Pesche (*Dict. de la Sarthe*, V. 463) datent la fondation de 1163, année dans laquelle Henri II fit venir dans le monastère construit par lui, les religieux de Saint-Étienne-de-Muret. Comme la forêt de Bersay ne lui appartenait qu'en tierce partie, le frère Bernard et les religieux réunis à Bersay durent demander la possession complète de leur enclos aux deux autres co-propriétaires, l'évêque et le chapitre du Mans. En 1168, l'évêque Guillaume de Passavant et le doyen Philippe, accordèrent à Pierre, prieur de Grandmont, la cession de tous les droits qu'ils pouvaient avoir sur l'enclos du monastère (D. Briand. *Cenomannia*. Mss. à la bibl. du Mans).

« Après Henri II, le roi Richard confirma la fondation de son père en ajoutant de nouvelles terres. Une lettre du roi Jean, du 19 avril 1203, prescrit de rendre tout ce qui a été pris à la maison de Bersay, *de Burceio*, ordre de Grandmont (Bibl. de l'école des Chartes, t. XXXIV, p. 329).

« Les principaux bienfaiteurs du prieuré furent : Hamelin, évêque du Mans, qui, s'étant démis de son évêché en 1214, s'y retira et fut, quatre ans plus tard, enseveli dans le chœur de la chapelle ; Guillaume d'Oustillé, Richard d'Ardenay, Rotron IV de Montfort, Julien de Mayet, etc.

« En 1317, Borsay fut conservé et on y réunit la Hubau-

(1) Le numéro placé en tête de chacune des notes qui vont suivre permet de se reporter à la liste précédemment publiée.

dière (106). En 1630, il fut uni au prieuré de la Primaudière (128). Ces deux maisons produisaient 4,000 livres pour le prieuré, 2,000 livres restant au couvent. Vers 1753, la mense conventuelle fut donnée au collège de l'Oratoire, au Mans ; en 1786, le prieuré fut totalement supprimé et ses biens donnés à la congrégation de l'Oratoire. Le couvent fut aliéné à la Révolution et la chapelle totalement détruite. Il reste une salle voûtée, d'une structure assez curieuse, qui passe pour avoir été la cuisine. »

5. Le Bois d'Alonne. Henri II, roi d'Angleterre, fut un des principaux bienfaiteurs de ce prieuré. En 1317 on y réunit les maisons de Bonneray (57) et de Chassay (74) ; Eustache du Bellay, évêque de Paris de 1551 à 1554, fut prieur de Louye et d'Alonne.

6. Bois-Rahier. En 1317, on y réunit deux autres, prieurés du diocèse de Tours, Clairefeuille (77) et Montaussan (117). Il devint, au XVIIIe siècle, la maison de campagne des archevêques de Tours (M. Nobilleau).

14. L'Enfourchure, à Dixmont, canton de Villeneuve-sur-Yonne, fut fondée en 1209, par Guillaume Ier, comte de Joigny. En 1317 on y réunit les prieurés de Ligny, au diocèse de Langres (110), et de Traxs, au diocèse de Sens (142). Dans une visite de 1496 il est dit : *Ecclesia portendit ruinam*. Aussi fut-elle reconstruite au XVIe siècle, ainsi qu'une grande partie des bâtiments. Nous devons à M. l'abbé Pissier la description de ces belles ruines, ainsi que le plan et les dessins ci-joints. A la construction du XIIIe siècle appartiennent une jolie porte latérale de l'église et les parties du rez-de-chaussée dont les fenêtres sont en plein cintre. L'église a 41 mètres de longueur dans œuvre sur 6m50 de large. Elle était coupée en deux par un mur qui ne laissait qu'une étroite arcade pour communiquer de la nef au chœur, et contre lequel s'appuyaient deux

autels latéraux accompagnés de crédences. Le vaisseau était largement éclairé, non-seulement par les trois fenêtres de l'abside et par une autre fort grande au pignon,

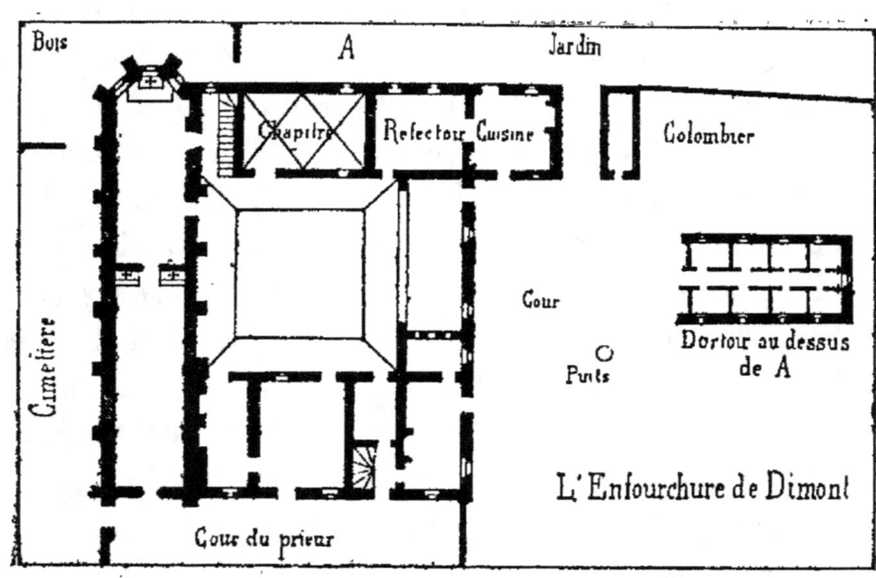

mais encore par des fenêtres latérales à meneaux flamboyants. La voûte, à nervure et non plus en berceau, retombait sur des consoles ornées de bustes d'anges tenant des banderoles.

Au sud de l'église se trouve le cloître; l'escalier du dortoir touche le chœur dans lequel une porte permet d'entrer directement; puis viennent la salle capitulaire de 10 mètres sur 7, dont les voûtes ne se sont effondrées qu'en 1870, le réfectoire et à sa suite la cuisine. Le dortoir, placé au-dessus de ces pièces, se composait de deux rangs de huit cellules de chaque côté, et d'un couloir central de 1^{m}60 de large. Chaque cellule était éclairée par une petite ouverture carrée et avait 3^{m}30 de long sur 2^{m}70 de

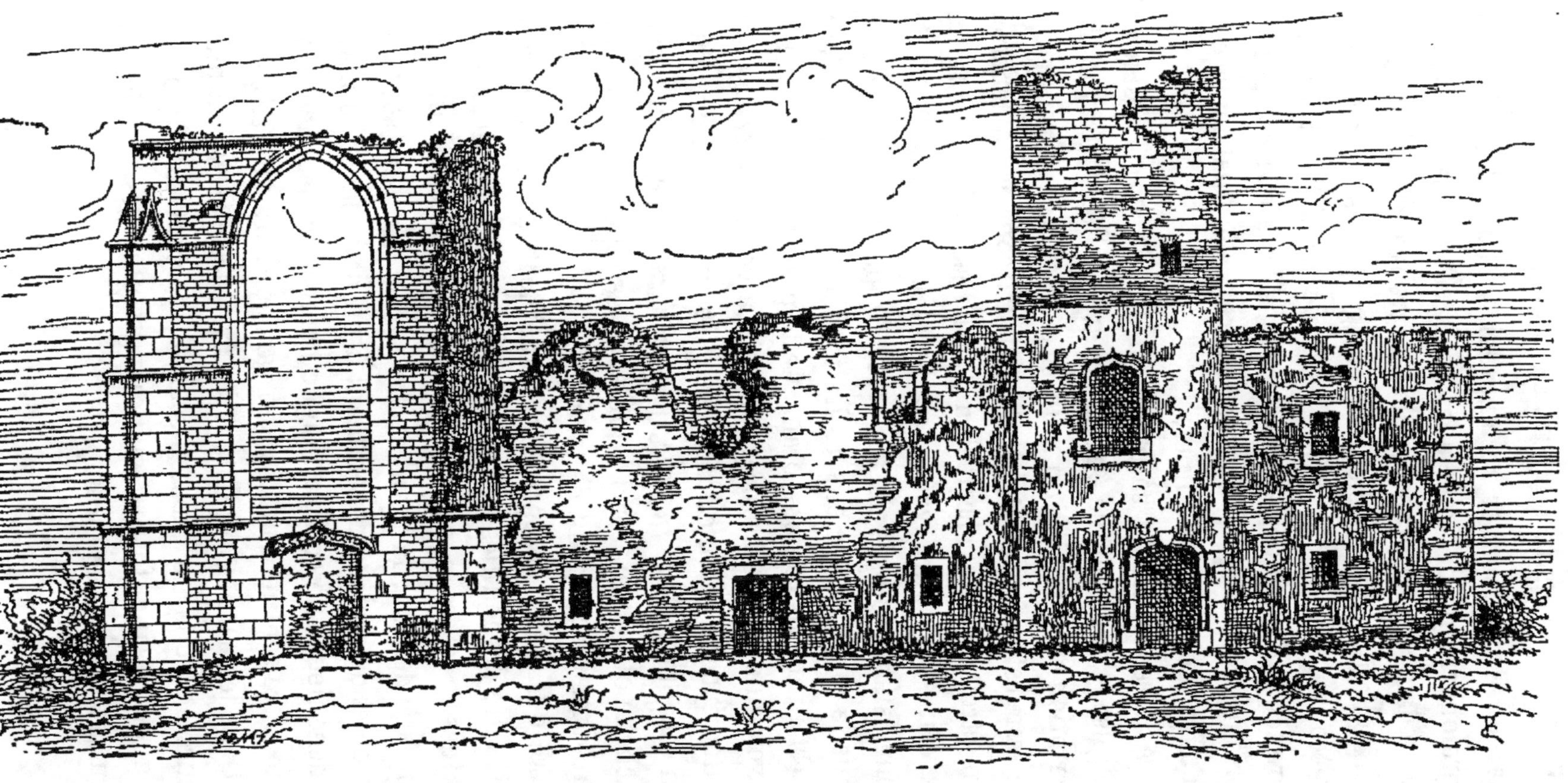

L'Enfourchure. — Côté de l'ouest.

large. Un colombier rectangulaire était placé dans le prolongement de cette aile, mais séparé par un espace vide dans lequel probablement se trouvaient les latrines.

De l'autre côté du cloître, le long de la nef, une étroite pièce voûtée paraît avoir servi de sacristie. Suit une grande salle, également voûtée, puis les appartements du prieur, reconstruits au XVIe siècle. Le quatrième côté n'offre plus que des ruines.

A la rencontre du bâtiment du dortoir avec l'abside de l'église, l'appui d'une étroite fenêtre grillée porte une inscription en caractère du XVIIe siècle : CY BAS SE TROUVE... le reste est martelé. Or, à l'intérieur, sous cette fenêtre, un étroit conduit permet de se laisser glisser dans un caveau sans jour, voûté en berceau et qui a 3^m10 de long sur 2^m30 de large et 2^m10 de haut. Il s'étend sous le sol extérieur et sous les fondations de l'abside dont il est au moins contemporain. Cette position fait hésiter à y voir une fosse d'aisance, quoiqu'il ait eu cette destination à une époque récente. M. Pissier incline à y reconnaître un cachot ou *Vade in pace;* je pencherais plutôt pour une cachette qui aurait servi à protéger les reliques du monastère dans un moment de troubles.

M. d'Eichthal, propriétaire actuel de l'Enfourchure, y a fait faire des fouilles qui n'ont donné que des débris de statues et le sceau du monastère. Il représente un personnage debout ; la main droite sur la poitrine soutient un objet déterminé ressemblant à un petit banc; la main gauche tient une croix à longue hampe. La légende consiste en ce seul mot DIMONE, en caractères du XIIIe siècle.

Dans les parties qui datent du XVIe siècle on voit à plusieurs endroits un écusson sculpté, portant sur un fond de gueules cinq fusées, ou losanges allongés, accolés et formant une bande incomplète.

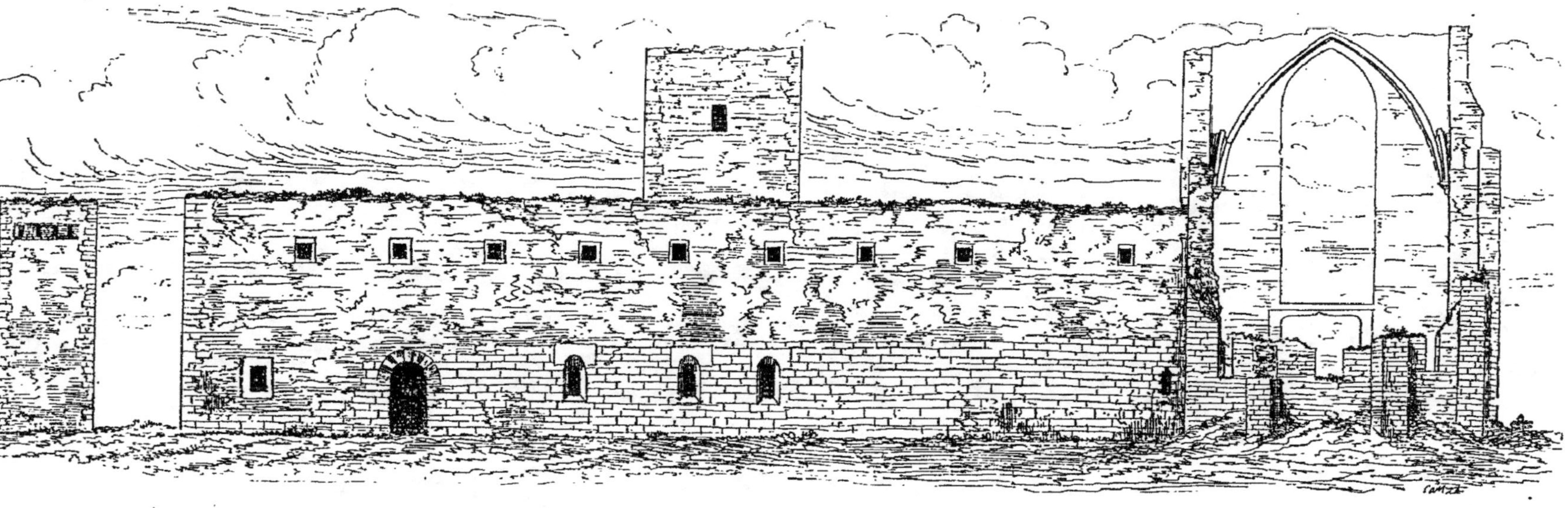

L'ENFOURCHURE DE DIMONT.

Côté de l'est.

20. La Haye d'Angers. Le vrai fondateur de cette maison ne fut pas Henri II, mais Renaud, seigneur de Vou, près Loches, aidé de son frère Étienne, seigneur de Marçay dans le même pays, et sénéchal d'Anjou. Ce dernier fut également le fondateur de l'hôpital Saint-Jean, d'Angers; mais étant tombé en disgrâce, le titre de fondateur de ces deux établissements fut usurpé par les rois d'Angleterre. M. Marchegay a publié, dans la *Bibliothèque de l'École des Chartes* (t. XXXVI, p. 439), une bulle adressée par Clément III, le 9 mai 1188, à Renaud de Vou, pour confirmer à sa prière, la fondation du prieuré de la Haye, *de Laïa*, bâti par lui, pour les frères de Grandmont, tant sains que lépreux.

« Clemens, episcopus servus servorum Dei, dilecto filio R. de Veo salutem et apost. benedictionem. Dignum, etc. quodcirca, dilecte in Domino fili, postulationibus tuis benignius annuentes, domum de Laia quod de propriis sumptibus construxistis et ordini fratrum Grandimontensium deputare proponeris, cum omnibus bonis. . . . . . sub beati Petri et nostra protectione suscipimus. Specialiter autem redditus quod tu et S. frater tuus, eidem domui ad sustentandos fratres, tum sanos quam leprosos, contulisti . . . . confirmamus. Etc. Datum Lateranis VII° idus maii, pontificatus nostri anno primo. »

(*Orig. arch. de la Mayenne.*)

Selon M. Joanne, le prieuré de la Haye des Bons-Hommes est en ruine, sauf la chapelle entièrement peinte qui sert de magasin à foin.

21. Saint-Maurice de Vieupou fut fondé en 1173, par Dreux de Mello, seigneur de Saint-Maurice, depuis connétable de France et châtelain de Loches. En 1317 on réunit à ce prieuré celui de Charbonnières, près Avallon (71), et celui de Charmes (73). D'après M. Pissier, ce qui reste de

ce monastère prouve qu'il avait la même disposition que les autres.

25. Le Meinel. Le cartulaire de l'évêché de Paris (Bibl. nat. Mss. lat., 5185, p. 135) renferme un accord du 12 novembre 1202 fait entre Philippe de Dreux, évêque de Beauvais, et Eudes de Sully, évêque de Paris, pour constater les limites de leurs diocèses *in loco de Moynel, a porte orientali prope caput ecclesie*. Quatre bornes furent plantées le long du ruisseau qui sort de l'étang des religieux. Ce dut être à partir de cet accord que ce prieuré fut compris dans le diocèse de Beauvais.

26. Saint-Michel de Lodève. On trouve en outre de celles déjà indiquées des vues de ce prieuré, dans le *Voyage pitt. dans l'ancienne France*. M. Renouvier en a fait l'histoire et la description; enfin M. Bourquelot a publié une note à son sujet dans le 21e volume des *Mém. de la Soc. des Antiquaires de France*.

28. Montguiyon. Ce prieuré, m'écrit M. l'abbé R. Charles, se trouve à Placé, sur la lisière de la forêt de Mayenne. Il fut fondé en 1198, par Juhel III, seigneur de Mayenne. Richard Duboys, prieur en 1495, écrivit un recueil des affaires de son ordre dans le Maine et l'Anjou (Levesque. *Ann. Grandm.*. 326-396).

Un manuscrit relatif aux seigneurs de Mayenne, détérioré dans l'incendie du palais de justice et déposé depuis à la Bibliothèque nationale, contient, page 35, quatorze pièces relatives au couvent des Bons-Hommes de Montguyon (*Bibl. des Chartes,* t. XXXV, p. 323).

30. Notre-Dame-du-Parc-lès-Rouen. Les archives de la Seine-Inférieure renferment sur ce prieuré de nombreux documents dont je n'ai pu prendre qu'une connaissance sommaire. Un plan (D 262) nous montre que le parc des rois normands dans la forêt de Rouvray, devenu, en 1156,

par la donation d'Henri II, l'enclos du monastère, occupait sur la rive gauche de la Seine une grande partie du faubourg actuel de Saint-Sever. Il avait une étendue de 260 acres et était borné par le bras droit de la Seine (comprenant par conséquent l'île Lacroix) « à commencer au premier pilier du pont de pierre, exclu ledit pont, et dudit pont au pavé du roy et chaussée devant les Emmurées (rue Saint-Sever) et d'illec au chemin le long des murs dudit parc tendant à Sotteville, et à une sente tenant aux fossés dudit parc aboutissant à ladite rivière, compris une île et toute ladite rivière. » (D 235). Une charte de Philippe le Bel, vidimée par Philippe de Valois, confirme au prieuré : *totum parchum et totum nemus cum fundo terre in quo habitant, sicut exteriorum fossatorum clausura que est juxta regiam semitam circumquaque demonstrat per circuitum* (D 228).

Cette vaste propriété, à la porte de Rouen, et les droits qui en dépendaient rendirent ce prieuré le plus riche de l'ordre. En 1317 on y réunit le prieuré d'Aubevoie-lès-Gaillon, au diocèse d'Evreux.

La chapelle existe encore, mais comme elle sert de poudrière, elle est inabordable. Ruinée au XVe siècle, elle fut reconstruite ou réparée en 1471 ; ruinée de nouveau lors du siége de Rouen par Henri IV, elle fut remise en état au XVIIe siècle. L'abbé Cochet y signale des parties du XIIe siècle ; d'autres disent qu'elle est en totalité du XVIIe. Des plans assez grossiers levés en 1783, lorsqu'elle devint une poudrière, montrent qu'elle avait conservé la forme des chapelles de l'ordre. La nef, de 34 mètres de long, dans œuvre, a 6^m^50 à 7 mètres de large; elle se termine par une abside ajourée de trois fenêtres, mais privée de ses colonnes contre-forts; une porte s'ouvrait pour le public dans le flanc nord.

Un passsage qui a dû remplacer l'escalier du dortoir, sépare le chœur de la salle capitulaire. Celle-ci a ou *avait*, car j'ignore si elle existe encore, 11 mètres de long sur 6^{m}50 de large; ses voûtes, à nervures, retombaient sur

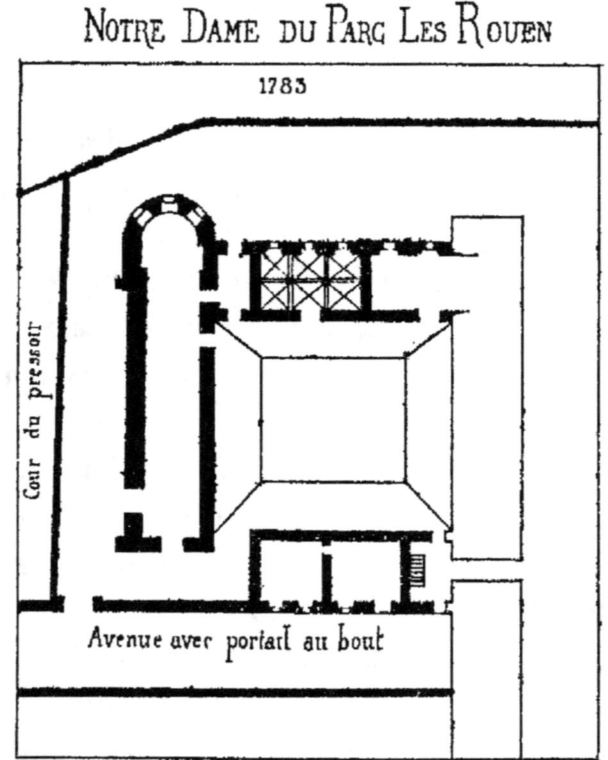

deux pilliers carrés, et cette disposition commune à d'autres salles capitulaires de Grandmont permet de la faire remonter à la première construction.

On a conservé (D 232) les comptes fort détaillés et très-curieux de la réparation de 1471. L'architecte Pierre Le Cinnere reçut pour ses soins, évalués un jour de travail par semaine pendant un an, dix écus d'or valant 13 livres, 1 sol, 8 deniers. Le total de la dépense fut de 754 livres, 4 sols, 6 deniers. Un rapide examen m'a prouvé que la maçonnerie n'entrait dans ce total que pour de faibles sommes. Les grosses dépenses sont : la charpente, 60 livres, outre de nombreux frais accessoires; 21 milliers d'ardoises coûtent 35 livres outre le transport; 2,500 livres de plomb coûtent 66 livres 16 sous; Michel Trouvé, verrier, reçoit pour la façon et matière de 792 pieds 10 pouces de verre pour vitrer la chapelle de Grandmont, 237 livres 7 sols. Ces 84 mètres superficiels de vitrage prouvent que l'édifice était largement éclairé de toute part. Le compte, qui contient une foule de menues dépenses, se termine par les honoraires de deux sermons prêchés, dans la chapelle réparée, le mardi 31 mars 1472, par un carme et le mardi suivant par un jacobin. La visite de 1496 mentionne que les bâtiments étaient en bon état, sauf le cloître, qui était détruit.

A. DE DION.

(*A suivre*).

DE L'ALIÉNATION

DU

MOBILIER DES ÉGLISES

Quelque bien établie que soit désormais la jurisprudence relativement à l'aliénation du mobilier des églises, nous n'en voyons pas moins de temps en temps la question s'agiter de nouveau devant les tribunaux et toutes les prétentions mille fois réfutées, s'affirmer avec une tenacité véritablement digne d'une meilleure cause. Curés et fabriciens persistent à se regarder comme les propriétaire de tout ce que renferment les monuments religieux dont ils ont la garde, et naturellement ils agissent en conséquence. Les lois de l'Église, si éloquemment rappelées, dans un mandement devenu célèbre, par le jeune et savant prélat qui gouverne la Tarentaise ne sont pas plus respectées que celles de l'État, et nous assistons au spectacle étrange de gens foncièrement honnêtes, profondément pieux, qui se jouent de l'excommunication prononcée en pareil cas par le Concile de Trente et bravent audacieusement toutes les défenses de l'autorité dans leur pays.

Les condamnations qui se sont multipliées depuis quelques années ont-elles remédié au mal que nous signalons? nous ne le croyons pas. Au lieu de vendre aussi ouvertement on fait disparaître en cachette; mais toutes nos richesses artistiques, arrachées de la place qu'elles n'eussent jamais dû quitter, continuent à prendre le chemin des collections privées où, parfois même, comme nous allons le voir tout à l'heure, elles n'arrivent que par lambeaux.

Certes, nous ne l'ignorons pas, d'excellentes circulaires ont été faites à ce sujet par les évêques, mais nous savons aussi que les résultats obtenus sont loin d'avoir été généralement à la hauteur de ce que l'on était en droit d'attendre. D'ailleurs, un illustre prélat que nous pourrions nommer, ne nous disait-il pas naguère : « J'ai beau défendre à mes prêtres d'aliéner sans mon autorisation quoi que soit du mobilier des églises, ils ne tiennent aucun compte de mes avis. » Et comme nous lui faisions remarquer qu'un procès allait s'instruire contre un de ces desservants infidèles qui venait de vendre à vil prix une statue de la Vierge de la plus haute valeur : « Tant mieux, dit-il, ce sera une leçon pour les autres. »

Sans blâmer les poursuites qui sont justement faites, nous voudrions surtout que par une éducation spéciale on s'appliquât à en prévenir l'occasion. Pour cela il faudrait inculquer aux ecclésiastiques des notions d'art qui leur font trop souvent défaut, il faudrait établir à l'état permanent dans tous les séminaires cet enseignement archéologique tant réclamé par notre prédécesseur, mais qui jusqu'ici, semblable à un météore, a fait de temps en temps, çà et là, une brillante apparition, puis s'est évanoui pour une période qu'il est impossible de fixer. Lorsque chaque ministre des autels sera bien pénétré de la valeur des objets qu'il a entre les mains, soit au point de vue de l'art, soit à celui des souvenirs, nous ne nous trouverons plus dans l'obligation de répéter presque chaque jour que toute aliénation dans le cas qui nous occupe, doit, pour sa validité, être précédée : 1° d'une délibération du conseil de fabrique ; 2° d'une délibération du conseil municipal; 3° de l'approbation de l'évêque; 4° de l'approbation du préfet; enfin que la vente doit être faite non pas à l'amiable, mais publiquement, de manière à éviter toute fraude et aussi pour obtenir le plus haut prix qu'il soit permis d'espérer.

C'est pour n'avoir pas rempli ces conditions que la cour de Paris vient naguères de déclarer nul et non avenu le marché conclu par la fabrique de l'église Saint-Gervais avec un marchand d'antiquités. Et en cela elle n'a fait que se conformer aux arrêts précédemment rendus en semblable occasion (1), montrant une fois de plus que la doctrine sur ce point est désormais invariable, que l'on est mal venu à vouloir en méconnaître la valeur.

La question, du reste, est fort bien exposée par Me Templier, avocat de M. le préfet de la Seine (2).

« Il s'agit, dit-il, de savoir si, par application du principe « qu'en fait de meubles, possession vaut tire, » les conseils de fabriques ont le droit de disposer des objets précieux que l'État ou les communes ont affectés à la décoration des églises et au service du culte, s'il leur est permis de les soustraire à leur destination, de les jeter dans le commerce, et d'en trafiquer au profit de leurs caisses; ou s'il n'est pas vrai qu'à raison de leur

(1) Cf. *Gazette des Tribunaux*, numéro du jeudi 7 juillet 1842. Arrêt du tribunal de Tulle concernant la vente de la châsse de saint Calmine par le desservant de Laguenne. — Id. numéro du 27 décembre 1870. Arrêt de la cour de Lyon concernant la vente d'un tableau d'Eugène Delacroix par le conseil de fabrique de Nantua, etc. etc.

(2) *Gazette des Tribunaux*, numéro du jeudi 28 juin 1877.

origine et de leur caractère, ces objets, bien qu'ils soient grevés d'un droit de jouissance perpétuelle au profit des édifices religieux, n'en continuent pas moins à faire partie du domaine public et à rester comme tels sous l'empire de la règle protectrice de l'inaliénabilité, qui est la sauvegarde de nos richesses nationales.

« Nul ne conteste aux conseils de fabrique institués par les décrets des 7 messidor an XI et 30 décembre 1809, en exécution de la loi du 18 germinal an X, pour administrer les biens des églises, le droit d'aliéner par ventes ou échanges les objets mobiliers servant à l'exercice du culte, et provenant soit d'achats faits par elles-mêmes, soit de libéralités à elles faites par des tiers.

« Cette faculté d'aliénation n'est d'ailleurs qu'une conséquence du droit de propriété, et si elle ne s'étend pas aux objets précieux composant le trésor, c'est précisément parce que les fabriques n'en sont qu'*affectataires et non propriétaires.* Mais est-il vrai qu'elles n'en soient pas propriétaires? Là est toute la question.

« Pour la résoudre, il est nécessaire de remonter à l'origine même de la législation moderne concernant les biens consacrés à l'exercice du culte catholique, et d'en suivre les développements successifs. Le premier acte législatif qu'il importe de relever, parce qu'il fait table rase du passé et sert de base au droit nouveau, c'est le décret des 2-4 novembre 1789, qui a mis à la disposition de la nation tous les biens ecclésiastiques; au nombre de ces biens étaient les édifices religieux et les objets d'art décorant les églises ou affectés au culte. L'État en devint ainsi propriétaire, mais leur conserva d'abord leur destination. Plus tard, au fort de la tourmente révolutionnaire, les cultes furent abolis, les églises furent fermées. Un décret des 13 et 14 brumaire, an II, vint compléter celui précédemment indiqué. Il déclare :

« Art. 1er. Que tout l'actif, affecté à quelque titre que ce soit, aux fabriques des églises cathédrales, particulières et succursales font partie des propriétés nationales.

« Art. 2. Que les meubles ou immeubles provenant de cet actif seront régis, administrés ou vendus comme les autres domaines ou meubles nationaux. »

« Lorsque l'ordre commença à renaître, en l'an III, un décret du 11 prairial décida que les habitants des communes seraient autorisés à se servir provisoirement des édifices originairement consacrés aux cultes pour les assemblées ordonnées par la loi et l'exercice de leur culte. Que ces édifices seraient remis à l'usage desdits citoyens dans l'état où ils se trouveraient, à la charge de les entretenir et réparer ainsi qu'ils verront, sans contribution forcée.

« Deux autres décrets du 7 vendémiaire an IV (29 septembre 1795) et du 7 nivôse an VIII (31 décembre 1799) confirment le précédent et remettent à la disposition des habitants les objets mobiliers servant au culte et à la décoration des églises.

« Cet état de choses dura jusqu'en l'an X. A cette époque le gouvernement, après avoir réorganisé les services administratifs, porta sa sollicitude sur les intérêts religieux.

« Le Concordat du 18 germinal an X, vint régler les diverses questions que soulevait le rétablissement officiel du culte.

« L'article 75 porte que les édifices anciennement destinés au culte, actuellement aux mains de la nation, seront mis à la disposition des évêques.

« L'article 76 dit qu'il sera établi des fabriques pour veiller à l'entretien et à la conservation des temples et à l'administration des aumônes.

« En conséquence de ces dispositions, un décret du 7 thermidor an XI, dispose : Art. 1er. Que les biens des fabriques non aliénés, ainsi que les rentes dont elles jouissaient et dont le transfert n'avait pas été fait, seraient rendus à leur destination; — Art. 3. que ces biens seraient administrés dans la forme particulière aux biens communaux.

« Quels étaient les biens ainsi rendus aux fabriques?

« L'accord est unanime sur ce point. Les termes des lois de restitution indiquent que les immeubles et les rentes seuls ont été restitués aux fabriques (Avis du Conseil d'État du 25 janvier 1807, M. Gaudry, *Législation des cultes*, t. II, n° 714).

« Il résulte de ce qui vient d'être dit, que les églises et les objets y attachés, et notamment les objets d'art et ce qu'on est convenu d'appeler « les Trésors, » étaient devenus propriété de l'État et faisaient partie du domaine public, à partir de 1789. Qu'ils furent ensuite abandonnés aux communes, à charge d'entretien, et rendus, quant à l'usage, à leur affectation première. Qu'enfin la restitution faite aux fabriques comprenait seulement les immeubles et rentes non aliénés.

« D'où cette conséquence, que la propriété des objets précieux affectés au culte appartient aux communes, ou qu'elle a été réservée et retenue par l'État, sans que les évêques, les curés ou les fabriques puissent y prétendre autrement que dans la mesure d'une jouissance perpétuelle.

« Ceci posé, et le débat n'étant possible qu'entre la commune et l'État, qui des deux est propriétaire?

« Le droit de la commune a été jusqu'à ce jour incontesté et considéré comme une suite nécessaire de l'abandon fait aux communes des édifices religieux auxquels ces objets d'art étaient attachés. C'est là une conséquence implicite du décret du 11 prairial an III, et une application du principe consacré par l'article 524 du Code civil, aux termes duquel sont immeubles par destination tous effets mobiliers attachés au fonds, à perpétuelle demeure.

« La déduction de ces principes amène à cette double conclusion:

1° Que le droit de la commune est justifié;

2° Que ce droit est de nature immobilière.

« Ce dernier droit fût-il différent, l'inaliénabilité n'en existerait pas moins, puisqu'il s'agirait encore d'une dépendance du domaine public.

« Et, à supposer même que la propriété des objets d'art ait été transmise aux fabriques, leur aliénation ne pourrait se faire qu'en vertu d'une autorisation de l'administration supérieure et de l'autorité diocésaine (En ce sens, Gaudry, Champeaux, Bloch, de Vuillefroy).

« En effet, le décret du 7 thermidor an XI assimile les biens des fabriques aux biens communaux. Si le décret du 30 novembre 1809, organisant les fabriques, n'exige l'autorisation du gouvernement que pour les aliénations immobilières, la seule conséquence à en tirer c'est que, pour les aliénations mobilières, il suffit de l'approbation du préfet et de l'évêque.

« La délibération d'un conseil municipal, relative à l'aliénation de biens communaux mobiliers, doit en effet, pour être exécutoire, recevoir l'approbation du préfet (Loi du 15 juillet 1837, art. 17, 18, 19, 20).

« S'il en était autrement, le devoir de contrôle et de protection, imposé au préfet, serait un véritable non-sens. »

De son côté, M. le substitut Tanon, parlant au nom du ministère public, s'est exprimé ainsi (1) :

« A qui appartient le mobilier primitif des églises. et, en particulier, ce mobilier précieux qu'on appelle « le Trésor? »

« Les églises paroissiales appartiennent aux communes. Cette question a été sérieusement controversée, mais la jurisprudence du Conseil d'État n'a jamais varié, et elle a toujours reconnu le droit de propriété des communes; on lira avec intérêt, sur cette question, la discussion qui eut lieu en 1837 devant le Conseil d'État, la Chambre des députés et la Chambre des pairs, à l'occasion de l'aliénation de l'ancien archevêché de Paris.

« La propriété du mobilier primitif a dû être nécessairement transportée aussi aux communes. Comment les fabriques en auraient-elles acquis la propriété séparée? Aucune disposition législative ne la leur attribue; on veut la faire résulter, il est vrai, à leur profit, des charges qui leur sont imposées par le décret du 30 décembre 1809, aux termes duquel elles doivent pourvoir aux frais du culte, mais c'est une conséquence qui ne saurait être acceptée. Le législateur a imposé ces charges aux fabriques, parce qu'il leur a attribué des revenus spécialement affectés à les acquitter.

(1) *Gazette des Tribunaux*, numéro du samedi 30 juin 1877.

« On pourrait voir au premier abord un argument plus sérieux dans le droit de disposition qui appartient aux fabriques, sur les objets mobiliers *qui sont de nature à être remplacés,* tels que les chaises, les tentures, les ornements et même les vases sacrés. Mais ce droit de disposition ne correspond pas nécessairement à un droit de propriété. *La fabrique n'a sur tout le mobilier, quel qu'il soit, qu'un usufruit perpétuel.* Seulement, ce droit s'exerce d'une manière différente, selon la nature des objets qui lui sont soumis. *Sur les objets fungibles qui se consomment par l'usage, c'est une sorte de quasi-usufruit qui entraîne le droit de disposition. Sur les autres, c'est un simple droit de jouissance perpétuelle.*

« Les objets d'art et les objets précieux rentrent évidemment dans cette dernière catégorie. La fabrique n'en a que la jouissance pure et simple ; ils sont, comme les églises elles-mêmes, dans le domaine public communal, et, en conséquence, ils ne peuvent être aliénés. »

(A suivre.)

L'INSCRIPTION DE WASENBOURG

Durant un court séjour à Niederbronn, au mois de juin dernier, nous sommes allé visiter les belles ruines du château de Wasenbourg, dont la masse rougeâtre émerge de bois épais, à gauche de la route de Bitche, en remontant la vallée du Falkenstein. Mais, disons-le tout de suite, aucune préoccupation du moyen âge ne nous poursuivait dans cette excursion ; nous voulions seulement vérifier le texte d'une inscription souvent reproduite et justement célèbre à tous égards. Bien nous en a pris, du reste, de gravir le haut mamelon sur lequel se dresse le rocher qui sert de base au château et porte sur sa face tournée vers Niederbronn, à $2^{m}25$ au-dessus du sol, dans un cartouche à queues d'aronde, les mots suivants :

DEO. MERCVRIO. ATTEGI
AM. TEGVLICIAM. COMP
OSITAM. SEVERINIVS.
SATVLLINVS. C T. EXVO
TO POSVIT. LLM.

Dès le premier moment, en effet, nous nous sommes aperçu d'une erreur de lecture qui se retrouve invariablement dans les différents recueils épigraphiques, dans ceux au moins qu'il nous a été possible de consulter. A la quatrième ligne, au lieu des sigles CT, dont nous garantissons l'existence, car nous les avons non-seulement vues, mais encore touchées, on a partout écrit CF, ce qui n'est pas absolument la même chose. De là le peu d'attention accordée à cette partie de l'inscription, qui méritait assurément un meilleur sort; car, s'il importe peu de savoir que Severinius Satullinus ait eu pour père un nommé Caïus (C F. *Cai* ou *Gai filius*), nous ne saurions avec indifférence voir augmenter le nombre des citoyens connus de la ville de Taunus (CT. *civis Taunensis*).

Nous avons dit la ville de Taunus, c'est peut-être la *cité des Tauniens* qu'il faudrait dire, contrairement encore à ce qui a été écrit jusqu'à ce jour (1). Tout le massif montagneux, compris entre le Rhin, le Mein et le Neckar, formait alors comme aujourd'hui une contrée particulière qui a pu avoir ses lois et son gouvernement, constituer ce qu'on appelait dans l'antiquité une *civitas*. Quant à l'existence d'une ville qui aurait porté le même nom que le pays dont elle aurait été la capitale, c'est une hypothèse émise bien souvent, mais sans preuves à l'appui. Tacite et Pomponius Mela ne parlent que d'une montagne: *Montium altissimi Taunus et Rhetico* (2). — *In monte Tauno* (3). — *Ad montem Taunum revertuntur* (4), et l'on est obligé d'avoir recours aux inscriptions pour doter la Germanie d'une ville qui n'a sans doute jamais existé.

(1) Cf. *Dictionnary of greek and roman geography* edited by William Smith. Boston 1857, II, 1118. — *Germanien*, von Wilhelm, pag. 44.

(2) Pomp. Mela, IV, 3.

(3) Tac., *Ann.* I, 56.

(4) *Id.* XII, 28.

Mais celles-ci sont elles bien aussi affirmatives qu'on l'a prétendu? nous ne le croyons pas. Toujours la dénomination géographique se présente sous la forme que nous avons indiquée, et l'on ne connaît même qu'un seul monument où le lapicide ait cru devoir sortir de sa réserve ordinaire.

Le voici, d'après le récent catalogue du musée de Mayence (1) :

C. PATERNI. POSTVMINI. DEC. C. TAV
NENSIVM. VIRI. SACERDOTASIS. PRAGM
TICI. PATERNIA. HONORATA. FILIAETHE
RES. PER. SVOS. PARENTES
F C

(Dis Manibus) *Gai Paterni Postumini, decurionis civitatis Taunensium, viri sacerdotalis pragmatici, Paternia Honorata filia et heres per suos parentes faciendum curavit.*

Quoi qu'il en soit de tout ce qui précède, il est bien certain que les sigles CT ne sauraient être interprétées autrement que nous ne l'avons fait. Au besoin, le lieu même où se voit notre inscription viendrait à notre secours, car la distance entre Wasenbourg et le Taunus n'est pas considérable. Enfin, comme Mercure était particulièrement adoré sur les hauteurs, il n'est pas étonnant que son culte fût répandu dans une contrée essentiellement montagneuse. Aussi trouvons-nous l'inscription suivante :

(1) *Die rœmischen Inschriften und Steinsculpturen des Museums der Stadt Mainz* von Dr Jacob Becker. No 229.

IN. H. D. D
DEO. MERCV
RIO. L. SENILIVS
DECMANVS. Q
C. C. R. M. NEG. MOG.
C. T. V. S. L. L. M. SAT
VRNIO. ET. GALLOCOS

In honorem domus divinae. Deo Mercurio Lucius Senilius Decmanus, quaestor, curator civium romanorum Mogontiaci, negotiator Mogontiaci, CIVIS TAUNENSIS, *votum solvit laetus lubens merito Saturnino et Gallo consulibus* (198 de notre ère) (1).

Nous aurions encore bien d'autres observations à faire sur l'inscription de Wasenbourg. Et, d'abord, en quoi consistait le monument, si, toutefois, cette expression n'est point ici trop ambitieuse, élevé à Mercure par Severinius Satullinus? *Attegia* dans l'antiquité semble avoir eu le sens de cabane, de construction légère faite de bois et de torchis. Mais il ne faudrait pas croire avec Anthony Rich (*Dict. des ant. rom. et grec.*) que ce mot désigne uniquement une *hutte mauresque;* notre inscription suffirait seule à montrer le contraire. De ce que Juvénal a dit :

» Dirue Maurorum attegias, castella Brigantum (2). »

il ne s'ensuit pas que les autres peuples n'aient pu avoir rien de semblable. Nous serions même tenté de croire que ce mot, dérivé de *tegere,* signifie tout ce qui couvre, tout ce qui protége, aussi bien contre le fer de l'ennemi que contre les intempéries des saisons. Autrement, comment expli-

(1) N° 38 du musée de Mayence.

(2) XIV, 196.

querait-on que le poëte ait opposé dans le même vers *attegiae* à *castella* (1)?

Quelle que fût, du reste, la nature des matériaux employés dans la construction, nous savons que ce petit temple était couvert en tuiles (*tegulicia*), grâce à l'introduction d'un mot qui ne se trouve nulle part ailleurs, mais dont le sens ne saurait être contesté. De plus, tout l'ensemble était très-soigné (*attegia composita*) et ne manquait pas de présenter un agréable coup d'œil.

Maintenant, quelle date assignerons-nous à cette épigraphe? Bien que les caractères soient assez nets, ils manquent de la franchise qui se fait remarquer aux belles époques de l'art. Les lettres M E, à la première ligne, et M P à la seconde, sont conjuguées; enfin, la première ligne se termine par une lettre beaucoup plus petite que celles du corps de l'inscription et il en est de même de la quatrième. Quant aux points ils ont tous la forme triangulaire. D'apres ces divers signes, nous serions assez tenté d'admettre les premières années du IIIe siècle ou les dernières du IIe tout au plus; mais nous ne saurions aller au-delà.

LÉON PALUSTRE.

(1) Nous ferons remarquer ici que MM. Daremberg et Saglio ont oublié le mot ATTEGIA dans leur *Dictionnaire*. C'est une lacune regrettable.

CHRONIQUE

Mouvement du personnel de la Société française d'Archéologie. — Dans la séance administrative du 26 octobre 1878, ont été nommés membres de la Société française d'Archéologie :

MM.

1. A. Bertrand, conseiller de préfecture, au Mans (Sarthe),
2. Antonio Zannoni, à Bologne (Italie),
Présentés par M. Léon Palustre;

3. Alfred Pellier, 34, rue de la Mariette, au Mans,
Présenté par M. G. Dubois;

4. L'abbé Sapin, curé de Gentioux (Creuse),
Présenté par M. G. Callier;

5. Le docteur Léon Mougin, à Vitry-le-François (Marne),
6. Lorinet, antiquaire à Vitry-le-François (Marne),
Présentés par M. Morel;

7. Étienne de Canson, à Vidalon-lès-Annonay (Ardèche),
Présenté par M. H. Nodet.

Réédification de l'abbaye de Bonnecombe (Aveyron).

Mon cher Directeur,

Pendant qu'à la suite de l'excursion archéologique du Lot, vous visitiez en compagnie de notre inspecteur de la Corrèze,

M. Poulbrière, l'intéressante église cistercienne d'Obazine, un itinéraire improvisé me conduisait avec notre excellent confrère, M. l'abbé Cerès, à l'ancienne abbaye de Bonnecombe, également d'origine cistercienne, et située à une dizaine de kilomètres de Rodez. L'abbaye est en ruines; mais en ce moment, grâce à l'initiative de Mgr l'évêque de Rodez, ces ruines sont en train de se relever sous l'habile et active direction de notre confrère, M. l'architecte Grinda, pour abriter une communauté de trappistes qui, depuis quelques mois, en a pris possession.

Le *Gallia christiana* nous apprend que ce monastère fut fondé en 1162 (1). Son site, au fond d'un vallon, où coule une petite rivière, dominée par de hauts coteaux couverts d'épaisses forêts, était admirablement choisi pour l'un de ces établissements religieux du moyen âge voués, dans la solitude, au recueillement et au travail. Aujourd'hui une route moderne suit ce vallon, et, en venant de Rodez, laisse à la gauche du voyageur, sur la rive opposée, les ruines qui apparaissent confusément à travers les grands arbres. Près de là s'embranche un vieux chemin qui conduit au monastère par un léger détour. Il traverse la rivière sur un pont *du Diable,* à légende, comme tant d'autres du même nom, mais surtout remarquable par la hardiesse et l'ampleur de son arche en plein cintre, qui paraît contemporaine de la fondation de l'abbaye. Bientôt le chemin aboutit à une tour carrée, encore bien conservée et couronnée de longs créneaux, qui défendait l'entrée du monastère et lui donnait accès par un passage voûté, ouvert à sa base. Les portes ogivales de ce passage, les nervures de sa voûte, les chapiteaux des colonnes d'angle qui les portent, indiquent une construction du XIVe siècle.

L'ensemble des ruines, le cloître, la salle capitulaire, les anciens logements des moines, les vastes bâtiments d'exploitation, enfin des constructions rétablies pour l'installation pro-

(1) « Bona Cumba diæ. Ruthenensis ordinis Cisterciensis filia Candelii sub Claravalle, fundatur sub patrocinio Deiparæ Virginis et omnium Beatarum Virtutum an. 1162 a Raimundo comite tolosano et Hugone Ruthenum episcopo, fratreque comitis Ruthenensis... »

visoire des religieux se trouvent dominés par les restes imposants de l'église qui remonte à la fondation de l'abbaye. A travers tous ces vestiges on reconnaît l'empreinte de chaque siècle, depuis le XIIe jusqu'au XVIIIe.

Une nef unique, un transept muni, selon la règle cistercienne, de chapelles carrées tournées vers l'orient, une coupole centrale, une abside : tel était le plan de l'église.

Le transept sud a encore conservé ses deux chapelles et celui du nord une seule. Deux grands arcs en tiers-point formés de claveaux magnifiquement appareillés, s'ouvrent, l'un au-dessus de l'abside en partie disparue, l'autre, au-dessus du transept nord et supportent avec une trompe d'angle une portion considérable de l'ancienne coupole, au bas de laquelle apparaissent deux fenêtres cintrées. La nef était voûtée en berceau sur arcs doubleaux, et des contre-forts peu saillants soutiennent encore le mur du sud percé de fenêtres, dont le cintre est entouré d'une simple archivolte.

Le cloître s'étendait au sud de l'église. Des retombées d nervures sont encore appliquées sur les murs avec leurs con soles. Dans le préau c'est une confusion de pierres entassées pêle-mêle, couvertes par les grandes herbes amies des ruines abandonnées; on y voit çà et là de belles clefs de voûtes armoriées, sommées d'une crosse et d'une mitre, des bases et des chapiteaux de colonnes dont les élégants feuillages des XIIIe e XIVe siècles annoncent que les constructeurs de ces époques s'étaient déjà bien éloignés de la simplicité primitive des Cisterciens. Sur l'emplacement de la salle capitulaire des bases et des fûts de colonnettes accusent le XIIIe siècle.

Vers la fin du XVIe siècle une nouvelle église, d'une seule nef, d'une construction fort simple, fut élevée parallèlement à la première, de manière à couper l'extrémité de son transept nord et la chapelle qui en faisait partie. Aujourd'hui cette seconde église est à ciel ouvert. D'après les renseignements donnés par le R. P. qui remplit les fonctions de supérieur, c'est elle qui serait rétablie dans la réédification générale du monastère. On conçoit jusqu'à un certain point que, par raison d'économie, cette nef obtienne la préférence sur sa vénérable voisine du XIIe siècle beaucoup plus ruinée.

Mais, quoi qu'il en soit de ces projets, nous espérons bien que les droits de la partie la plus ancienne, la plus apparente de ce premier sanctuaire, ne seront pas méconnus et qu'une ardente sollicitude veillera à sa conservation en attendant que l'on puisse songer à une complète restauration. Quel titre plus éloquent que ces nobles débris pour proclamer au grand jour l'ancienne origine de ce foyer de civilisation désormais destiné à briller d'un éclat nouveau? N'est-ce pas le point de départ de la chaîne des traditions que viennent renouer les modernes et vaillants successeurs de saint Bernard?

Les bâtiments d'exploitation sont moins ruinés que ceux dont je viens de parler. « Les murs, dit M. G. G., dans une note récemment publiée sur Bonnecombe, qui ont plus d'un mètre d'épaisseur, sont bâtis à chaux et à sable. Chose étrange, mais que l'on remarque quelquefois dans les monuments du moyen âge, pour une portion des murs on a employé de la terre pétrie au lieu de mortier, quoiqu'ils soient bâtis en beaux matériaux. Ce ne sont pourtant pas les moins solides. La grande épaisseur des murs, le choix des matériaux, la bonne confection ont suppléé la qualité du mortier, et ces vieux murs, qui comptent bientôt quatre cents ans d'existence, malgré les dégradations et l'abandon, sont encore en parfait état de stabilité. »

Assurément, cette œuvre de réédification est une grande entreprise, mais elle ne saurait manquer d'être menée à bonne fin. Notre époque, malgré les agitations qui la troublent, est féconde en heureux accomplissements de cette nature, et ici la restauration monumentale que je signale à votre attention ne pourrait être mieux secondée que par le talent aussi grand que le zèle de l'architecte distingué auquel est confié cet important labeur.

Espérons que l'archéologie, l'art monumental et l'histoire sauront, sur les lieux, tirer tout le profit que leur offre cette mine précieuse.

..... Je termine cette note d'excursion en vous adressant le dessin d'un monogramme du Christ, accompagné de l'inscription ALTARE SANCTI SALVATORIS, qui offre cette particularité que

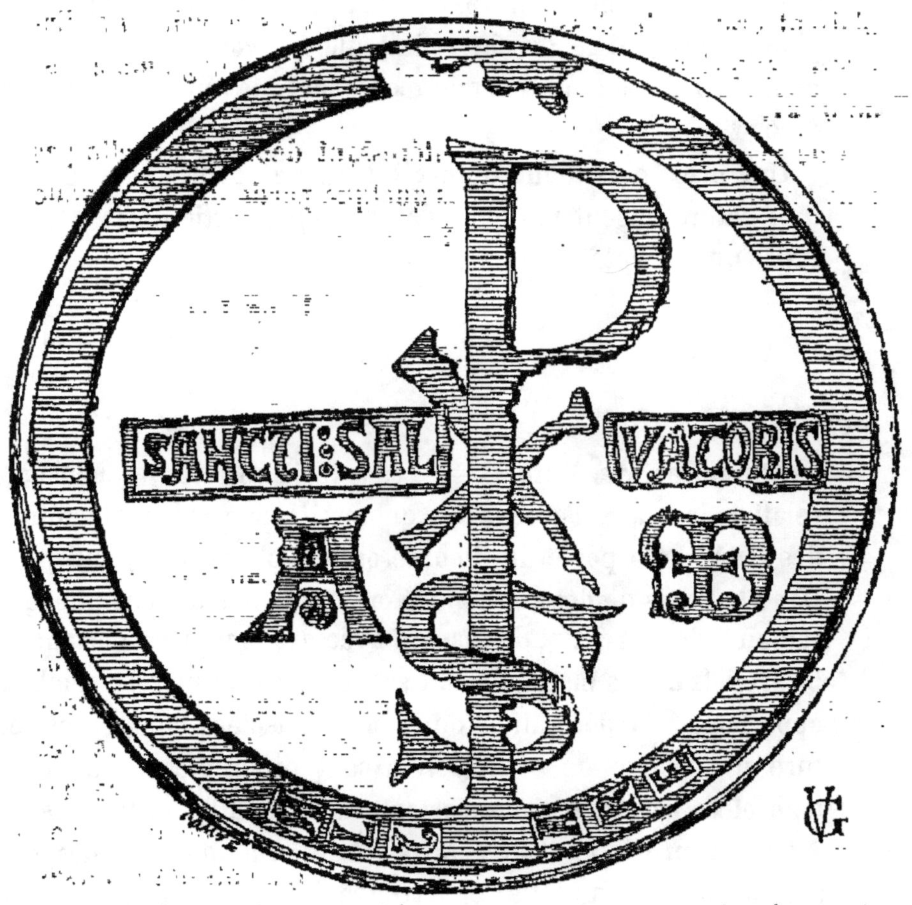

le mot ALTARE est écrit, dans le bas du cercle du monogramme en lettres couchées. L'oméga porte aussi dans sa partie centrale une croix parfaitement accusée. C'est un type intéressant de ces sortes de signes d'une époque avancée caractérisée par la présence de l'S posé sur la partie inférieure du *Rho*. Je le crois du commencement du XIIIe siècle.

Nous avons là très-probablement un débris d'un ancien autel. Les gens du pays disent qu'il provient des ruines. Le fragment de marbre qui porte ce monogramme a été enchâssé dans la construction d'un mur de soutènement établi sur le talus de la route, au-dessus d'une fontaine qui sort du coteau, vis-à-vis l'abbaye. C'est là que j'en ai pris un estampage sur lequel notre confrère, M. Gustave Vallier a fait, de son habile et complaisant crayon, le dessin réduit que je vous envoie. Le diamètre extérieur du cercle contenant le monogramme est de $0^{m}27$.

Une place plus digne de cet intéressant débris n'est-elle pas tout naturellement indiquée dans quelque partie de la nouvelle église que va rétablir M. Grinda?

J. DE LAURIÈRE.

Nouvelles de Rome. — Les prévisions des archéologues relativement aux découvertes qu'aurait amenées la démolition des tours de la porte du Peuple ont été pleinement confirmées. Dans le cours de deux semaines on a déjà mis au jour une quarantaine de morceaux de marbre avec des moulures, portant des bas-reliefs et des inscriptions. Ces morceaux de marbre semblent appartenir à la décoration de deux mausolées dont l'architecture et l'époque de construction sont différentes : un de ces mausolées paraît avoir appartenu à la famille consulaire des *Nonii Asprenati;* l'autre devait être orné de colonnes cannelées d'ordre composite : on a trouvé des fragments des diverses pièces de l'ordre, y compris l'entablement. Il y a également deux grands bas-reliefs représentant la course des quadriges autour de la *meta* du cirque, sujet funèbre dont les dimensions sont moitié grandeur naturelle.

Les inscriptions et les fragments d'inscriptions trouvés jusqu'à ce jour sont au nombre de treize, et appartiennent en grande partie au Ier siècle de l'empire.

Les travaux de la rue Nationale continuent à mettre au jour les restes des thermes de Constantin, tant sur la place du Quirinal que dans le manége Rospigliosi. Parmi les restes trouvés sous la voie publique, il faut noter une salle octogone, ornée de quatre grandes niches et entièrement dépourvue de décorations.

Les murs découverts dans la propriété Rospigliosi, conservent en partie leur revêtement de brèche coraline et quelques gros éclats de grandes colonnes de porphyre. On a pris les relevés les plus détaillés de ces importants fragments, ainsi que des restes du nymphée de la famille des Avidi Quieti, dont un bras s'avance sous les thermes de Constantin sur une longueur de plus de trente mètres.

Les excavations pour la construction de l'égout du Colisée ont amené la découverte, près du coin de la Moletta, de grandes constructions en maçonnerie, qui devaient faire partie, sans doute, des édifices de Septime Sévère sur le Palatin.

On a également trouvé un grand nombre de briques marquées et des fragments d'inscriptions impériales, dont une se rapporte aux empereurs Valentinien, Valentin et Gratien.

La principale découverte faite sur l'Esquilin est celle d'un miroir en bronze, ayant seize centimètres de diamètre, parfaitement conservé et d'un travail exquis. Sur le disque supérieur est représentée une scène érotique; le disque inférieur, est orné de zones concentriques, les unes portant des figures, les autres de simples ornements.

Dans le jardin potager de Saint-Eusèbe on a trouvé plusieurs inscriptions sépulcrales des familles Vibia et Arunzia et une opisthographe relative à un temple de Jupiter, dont l'existence près de Saint-Eusèbe était connue par les découvertes faites sur cet emplacement en 1874. (*Courrier d'Italie.*)

Fresque du xve siècle récemment découverte à Tours. — En réparant une vieille maison, on vient tout récemment de découvrir, rue Julien-Leroy, à Tours, une très-intéressante fresque qui ne semble pas remonter au-delà des dernières années du xve siècle.

Sur un fond noir, égayé çà et là par des semis de fleurs rouges, se détachent en blanc deux arbres écôtés qui servent de montants à une corde semi-roide enjambée par un singe dont un oiseau picote l'occiput. Des cygnes à bec rouge occupent le premier plan à demi effacé; enfin, trois écussons aux formes ondulées, comme l'Allemagne en a surtout produit, se balancent aux branches des deux arbres et donnent à la composition un intérêt tout particulier. Il n'y a pas à douter, en effet, que nous ne soyons dans la demeure de quelque membre de l'illustre famille Briçonnet, qui portait, comme chacun sait, *d'azur à la bande componée d'or et de gueules, accompagnée d'une étoile d'or en chef et d'un croissant d'argent en pointe* (1). Seulement il est permis d'hésiter entre Martin Briçonnet, prévôt de Saint-Martin de Tours, et Robert Briçonnet, doyen du même chapitre, qui devint archevêque de Reims, au temps du bon roi Louis XII. L'un et autre ont dû habiter à l'ombre de la grande collégiale, dans ce quartier aux rues étroites, naguère encore connu sous le nom de *Cloître Saint-Martin*. La répétition des mêmes armoiries, sans écartèlement d'aucune sorte, ne saurait, en tous les cas, convenir qu'à un ecclésiastique, si la position de la maison ne venait encore apporter un puissant argument en faveur de l'opinion que nous avons émise.

L. P.

Les travaux entrepris à la cathédrale de Moulins. — Certains édifices jouent véritablement de malheur. A peine ont-ils échappé sur un point aux mutilations qu'on projetait de leur faire subir, qu'ils se voient sur un autre dangereusement menacés. Tel est, par exemple, le cas de la cathédrale de Moulins.

Qui ne se souvient, en effet, de la lutte qu'il a fallu soutenir naguère pour empêcher la vieille collégiale du duc Jean II, de

(1) On retrouve les mêmes armoiries en différents endroits de l'ancienne église Saint-Clément, qui fut élevée aux frais de Jean Briçonnet, premier maire de Tours.

s'abaisser devant le monument de M. Millet? Eh bien! paraît-il, l'architecte, battu au dehors, menace de se rattraper au dedans. L'œuvre est même à ce point avancée qu'il est peut-être un peu tard pour jeter le cri d'alarme. Déjà les moellons s'entassent dans la nef et des dispositions que le bon sens réprouve ont reçu un commencement d'exécution.

Mais il est vrai que si nous nous sommes tu jusqu'ici, d'autres ont parlé pour nous et avec une autorité que nous ne saurions avoir en semblable matière. Dans une succession de brochures soigneusement étudiées (1), les principes qui doivent présider à la distribution intérieure des églises ont été exposés clairement, et la question si controversée de la place réservée à l'autel majeur, enfin résolue d'une manière satisfaisante, grâce à une distinction fondamentale et toute nouvelle, croyons-nous.

« Au commencement de l'ère chrétienne, il existait dans les villes de vastes édifices qui servaient de lieux de réunion et où l'on rendait la justice; ils portaient le nom de *Basiliques*. Leur forme était celle d'un carré long, et deux lignes de colonnes les divisaient en une nef centrale et deux collatéraux. Dans un des petits côtés de ce quadrilatère était la porte d'entrée, et en face, à l'autre bout, on voyait un exhaussement sur lequel pouvaient siéger les juges. Une petite abside pratiquée dans le mur, exactement à l'opposé de la porte d'entrée, terminait là l'édifice.

« Le nom et la disposition de ces basiliques furent adoptés pour les premiers édifices consacrés au culte chrétien. L'évêque et les prêtres se placèrent sur ce tribunal élevé, d'où ils fai-

(1) *Dissertation sur la distribution intérieure des églises*, par M. de Conny, prélat consulteur de la sacrée Congrégation des rites, doyen du diocèse de Moulins (15 juin 1875). — *Lettre à un ami pour faire suite à la dissertation sur la distribution intérieure des églises*, *id.* (4 août 1875). — *Nouvelle note sur la cathédrale de Moulins*, *id.* (25 avril 1877). — *Suite de la nouvelle note sur la cathédrale de Moulins*, *id.* (1er mai 1877). — *Renseignements offerts l'administration des cultes à propos de la cathédrale de Moulins*, *id.* (4 juin 1877). — *Rectification d'une assertion trop absolue. Lettre à un chanoine de Moulins*, *id.* (3 août 1877).

saient face au peuple. Leurs siéges formaient un demi-cercle; celui de l'évêque était au milieu, sous la petite abside, et dominait ceux des prêtres. Les diacres se tenaient debout auprès de l'évêque et des prêtres. Quant aux autres clercs, ils occupaient une enceinte au-dessous du tribunal, car celui-ci aurait été trop restreint pour contenir tout le clergé. Sur les côtés de cette enceinte s'élevaient des ambons ou tribunes; c'était de là qu'on chantait, et que les ministres de l'évêque s'adressaient au peuple quand ils avaient quelque lecture à lui faire. Le peuple remplissait la basilique. Seulement, il y avait près de l'enceinte des clercs une place particulière pour les sénateurs et autres magistrats. Les femmes se tenaient dans une partie de l'édifice qui leur était attribuée, quelquefois dans des galeries supérieures.

« L'assemblée chrétienne avait pour acte principal le sacrifice eucharistique; et pour ce sacrifice, il fallait un autel. *On plaça donc sur le devant de la tribune cette table sacrée qui séparait ainsi l'évêque du peuple.* Mais comme la tribune n'était pas grande, et que l'autel n'était pas encombré par tout ce qu'on place sur les autels modernes, l'évêque se trouvait encore parfaitement en vue de son peuple, et pouvait, du haut du siége qu'il occupait sous l'abside, lui adresser la parole. Il s'avançait vers l'autel au moment du sacrifice, pour accomplir l'acte auguste de la consécration. D'après une tradition que nous voyons constatée dès les premiers siècles, le célébrant devait regarder l'orient. Or, il le pouvait tout en regardant le peuple, lorsque la basilique était construite comme nous voyons Saint-Jean-de-Latran et Saint-Pierre-du-Vatican, c'est-à-dire lorsque son entrée était du côté de l'orient et son abside du côté du couchant.

« C'était ordinairement sur les tombeaux des martyrs que l'on construisait les basiliques chrétiennes, et on disposait les choses de façon à ce que l'autel se trouvât placé directement au-dessus. Le lieu même où était le tombeau s'appelait la *confession.*

« L'autel fut surmonté en témoignage de respect d'un petit édicule qui porta le nom *ciborium.* Ce ciborium était porté par quatre colonnes de marbre précieux. Quelquefois on y rattachait des courtines ou rideaux qui servaient à entourer l'autel à certains moments, et on y appendit aussi des voiles de pourpre et de soie comme objets de décoration.

« *Le plan des basiliques remontait donc à une origine antérieure au christianisme. On en avait seulement adapté les dispositions générales aux exigences du culte chrétien, en créant la place de l'autel entre les personnages qui occupaient le tribunal, et l'assistance qui remplissait les nefs.* Mais des circonstances nouvelles réclamèrent plus tard des modifications.

« Le clergé des principales églises avait été organisé en chapitres. Les simples clercs, au lieu d'être réunis dans une enceinte particulière, prirent place auprès des prêtres et des diacres. Il fallut donc, pour les contenir tous, construire des chœurs spacieux qui, en général, ne dominèrent plus les nefs d'une hauteur considérable, mais furent seulement élevés de quelques degrés.

« Le tribunal des basiliques primitives n'existant plus, *ce fut l'autel seul qui, dans les basiliques modernes, fut le point de mire du regard*; et l'application des architectes dut être de lui attribuer dans la disposition de l'édifice l'emplacement principal. *On dressa volontiers un arc triomphal pour séparer les nefs attribuées à l'assistance, de ce vaste chœur qu'on bâtissait maintenant pour le clergé; et l'autel se trouva très-noblement établi au-dessous de cet arc. On le plaça aussi quelquefois sous une coupole.* Cependant dans ces arrangements nouveaux, on conserva la disposition caractéristique des basiliques : le prêtre continue à faire face au peuple ; et le clergé, devant lequel se célèbrent les mystères, est séparé de l'assistance par l'autel. Il n'est presque plus en vue, et c'est là un inconvénient véritable. Pour qu'on s'y résignât et pour qu'on créât ces basiliques modernes, il avait fallu la puissance de la tradition chez les populations qui conservaient le souvenir des habitudes primitives. Voilà pourquoi c'est en Italie surtout que nous retrouvons ces sortes de basiliques.

« Voici maintenant un plan différent. Les premiers chrétiens s'étaient servi, comme on l'a vu, des données de l'architecture civile. On avait fait à l'autel une place dont on avait augmenté l'importance; mais c'était toujours *une place trouvée après coup*, et qui séparait le clergé du peuple : la basilique était une construction profane accommodée à l'usage chrétien. Maintenant, l'architecture chrétienne aura sa disposition qui lui appartiendra en propre. Elle s'affranchit de toutes les traditions profanes. La basilique civile mettait en présence les magistrats et le peuple : la basilique chrétienne se propose de réunir le clergé et le peuple devant l'autel. Dans celle-ci, *l'autel se montre comme le but et le terme de tout l'édifice; c'est lui seul qui domine, c'est lui qui fait face à tous, c'est devant lui que le clergé et les fidèles sont rangés dans un ordre analogue à celui qu'ils occupent dans la famille chrétienne.* Les prêtres d'abord, et les laïques ensuite viennent ensemble devant Dieu, et du haut de sa croix Jésus-Christ les voit d'un seul coup d'œil. C'est ainsi que la maison matérielle est devenue par son ordonnance le symbole exact de la société, et que le nom d'*église* s'applique avec une saillante analogie à l'édifice lui-même et au peuple qui s'y réunit.

« Désormais, le célébrant ne regarde plus le peuple; il a la face vers l'orient et toute l'assistance placée derrière lui est tournée comme lui de ce côté. L'évêque est près de l'autel, les ecclésiastiques sont rangés après lui, et enfin vient l'enceinte des fidèles. Chacun reconnaît cette ordonnance; on la voit partout, car sa convenance l'a fait universellement prévaloir. Depuis longtemps la basilique n'existe plus que dans les pays où, comme nous venons de le dire, elle est conservée pour des raisons locales.

« En dehors de ces deux types, voici d'autres combinaisons.

« Plusieurs ordres religieux tenaient à célébrer l'office en dehors des regards du public. Lorsque leurs églises se trouvèrent bâties d'après la disposition qui met l'autel au fond, et le chœur entre le peuple et l'autel, ils transportèrent, sans souci du plan primitif, l'autel auprès du peuple, et ils s'enfermèrent par derrière avec des murailles ou des tapisseries. L'autel garda cependant son orientation : le prêtre célébra toujours le dos tourné au peuple, et c'était alors au clergé qu'il aurait fait face, si le clergé, malgré les retables, etc., avait pu le voir. Cette disposition n'est justifiée qu'au point de vue des règles de ces religieux ; mais en elle-même elle est anti-liturgique, car c'est au clergé qu'il appartient d'être immédiatement témoin de la célébration. Cependant le peuple y trouvait la satisfaction de voir de plus près les cérémonies. Aussi, en plusieurs endroits, sans avoir le motif des règles religieuses, voulut-on lui en donner le contentement. L'autel que les convenances architecturales réclamaient au sommet de la nef, et devant lequel la liturgie aurait voulu disposer les stales du clergé, fut amené près de l'assistance, et les ecclésiastiques mis derrière. C'est là ce que nous voyons à Saint-Sulpice de Paris. Cet exemple a été suivi en plusieurs endroits, et cependant il ne le mérite pas. Il ne se rattache ni à la tradition des basiliques, ni à celle des églises; il heurte les principes dn cérémonial et en trouble la pratique (1). »

Ces principes établis, il ne semblait pas y avoir d'hésitation sur le parti à prendre relativement à la cathédrale de Moulins. Une église bâtie au xve siècle, suivant le plan adopté à cette époque, ne saurait être disposée en basilique, et c'est en vain que l'on invoquerait l'exemple de Saint-Pierre de Rome, édifice à part, sur lequel on ne peut, en aucun cas, se régler.

« Les proportions de cette construction gigantesque ne permettent pas de s'en servir telle qu'elle est, en y appliquant le cérémonial régulier. Si l'on mettait en effet le trône du Pape sous la chaire de Saint-Pierre, toute la Cour romaine serait comme perdue dans l'espace qui s'étend de là jusqu'au maître-autel, et à Rome on a trop de bon sens pour s'établir dans un emplacement qu'on ne remplirait pas. On dispose donc à l'aide de tapisseries et de boiseries mises pour un jour une enceinte provisoire, quand le Pape doit officier. Le trône et les bancs des

(1) *Dissertation sur la distribution intérieure des églises*, etc., p. 1 à 7.

cardinaux sont provisoires, et voilà pourquoi ils ne sont pas reliés ensemble en hémicycle comme à Saint-Jean-de-Latran, et là où l'installation est normale parce qu'elle est définitive. Remarquons d'ailleurs que le Pape, évêque de Rome, avec son sénat de cardinaux, offre, il est vrai, un type à tous les évêques et à leurs chapitres ; mais les prérogatives singulières du Souverain-Pontife ont amené de plus autour de lui un appareil et certaines décorations particulières qui n'ont rien de correspondant dans les degrés inférieurs de la hiérarchie. Le Pape peut donc occuper un trône qui fait à lui seul un des côtés du parallélogramme, et appeler sur les marches ses évêques assistants et de nombreux colléges de prélats, sans qu'on ait pour cela le droit d'établir un trône épiscopal sur un plan analogue. Restons donc ce que nous sommes. Ce qui est grand et juste à Saint-Pierre serait forcé et faux à Moulins, lors même qu'on en aurait réduit les proportions. »

Ces idées, quelque justes qu'elles soient, ne paraissent pas avoir prévalu ; nos lecteurs en jugeront par le nouveau mémoire (1) de Mgr de Conny, publié il y a quelques jours seulement, et que nous nous faisons un devoir de reproduire presque en entier :

« On connaissait depuis deux ans la donnée générale des plans préparés pour la disposition intérieure de la cathédrale de Moulins. J'ai expliqué dans plusieurs écrits que cette donnée me paraît mauvaise ; j'ai dit notamment qu'il serait fâcheux de porter à grands frais le chœur par delà l'autel, lorsque, après expérience faite, on rétablit dans un certain nombre de cathédrales le chœur au-devant de l'autel. Enfin j'ai exposé pourquoi ce système, qu'on rejette ailleurs, serait particulièrement déplacé, si on voulait l'appliquer à la cathédrale de Moulins.

« Aujourd'hui nous connaissons en détail les projets de nos architectes, et je vois avec une pénible surprise qu'ils sont encore plus mauvais que je ne m'y attendais.

(1) *Les travaux entrepris à la cathédrale de Moulins*, par Mgr de Conny (11 octobre 1877).

« On veut établir une muraille entre le pilier auquel est appuyé actuellement le siége épiscopal et le pilier correspondant. Cette muraille, à laquelle sera adossé le nouveau trône de l'évêque, supportera une sorte de terrasse qui remplira toute la dernière travée. Sur cette terrasse sera érigé un autel en l'honneur de la sainte Vierge, et au-dessus de cet autel, on placera la statue noire honorée à Moulins depuis bien des siècles. Cette statue se trouvera dans l'ogive terminale de l'église, et nous pouvons juger par son élévation de la hauteur qu'aura la terrasse qui doit porter l'autel et la Vierge. Cette terrasse pourra contenir quarante ou cinquante spectateurs. Sous la terrasse, du côté de la rue Notre-Dame, s'ouvrira une crypte où le groupe de l'ensevelissement de Notre-Seigneur se trouvera entre deux autels.

« Chacun peut comprendre ce que deviendra l'aspect du fond de l'église, maintenant si noble et si beau pour ceux qui le considèrent de la nouvelle nef, lorsque leur regard viendra se heurter contre cette muraille et cette terrasse, et qu'à travers les colonnettes du *ciborium* ils apercevront les cinquante spectateurs montés là-haut.

« Le chœur est actuellement élevé d'une marche au-dessus du reste de l'ancienne église, et le sanctuaire, d'une marche au-dessus du chœur. On entend niveler tout cela et mettre le chœur de plein pied avec les bas-côtés. Mon but dans cet écrit n'est pas de discuter les choses au point de vue liturgique, mais je ne puis cependant m'abstenir de signaler la haute inconvenance d'une pareille disposition. Les ecclésiastiques vont se trouver en effet côte à côte avec le peuple, et lors même qu'on leur accorderait un marchepied sous leurs bancs, ils seront exposés à entendre les chuchotements des curieux dont ils ne seront séparés que par une simple barrière, et à voir le premier indiscret venu s'approcher d'eux et leur parler à l'oreille.

« Je demande maintenant à tout homme qui n'a pas d'idée préconçue, si la réalisation de ce plan ne serait pas vraiment déplorable pour la pauvre église de Moulins. Nous tous, Moulinois, nous avons obtenu qu'elle résistât au choc de la nouvelle construction que l'on venait d'appuyer contre elle; mais si nous la voyions si tristement défigurée, pourrions-nous nous féliciter encore de notre victoire?

« Nous voyons déjà son flanc droit obstrué par la lourde masse de la nouvelle sacristie. Faudra-t-il voir encore, non-seulement son abside cachée par l'autel à ciborium, mais sa plus belle travée retranchée par un mur et remplie par cette étrange terrasse, puis le lieu de la séance des prêtres dégradé?

« Bien que tous ces plans soient, m'a-t-on dit, revêtus de l'approbation du gouvernement, et que leur exécution soit ordonnée par le ministère des cultes, je ne puis croire que notre condamnation soit sans appel. Le ministre doit avoir à cœur de tenir compte du sentiment des habitants de Moulins dans une question qui les touche de si près, et lorsqu'il aura pu le connaître, il révoquera sûrement les ordres qui auraient été donnés. Il serait triste qu'on eût à démolir, devant la réprobation universelle, ce qu'on viendrait de construire à grands frais. Nos architectes se flattent que leur œuvre, une fois achevée, devra être subie, et qu'il nous faudra bien nous résigner. Mais ne serait-il pas cent fois plus raisonnable de s'arrêter avant d'avoir consommé cette entreprise aussi fâcheuse que bizarre?

« Le soubassement de l'autel qu'on peut voir déjà, et dont la lourdeur ne dément pas la lourdeur de la sacristie, justifie les critiques que j'en avais faites *à priori*. Il n'y a, du reste, dans la ville qu'une voix sur son compte. N'est-ce point assez de nous avoir produit cet échantillon? Est-il besoin de nous montrer réalisées les parties les plus étranges de cette singulière conception?

« J'ai encore quelque chose à dire. Lorsqu'on a construit le soubassement d'autel, la pioche des ouvriers est venue bouleverser les restes des morts que la piété de nos ancêtres avait ensevelis sous le pavé. Des ossements de toutes sortes ont été enlevés et déposés dans une fosse qui a été creusée près de là. Mais cette terre dans laquelle s'étaient dissous ces corps respectés, a été enlevée brutalement, et, avec les petits ossements qui s'y trouvaient mêlés encore, elle a été portée au dépôt des immondices de la ville. Le sentiment public à Moulins a été vivement ému par cet incident. Je ne sais vraiment ce que les travaux qu'on projette pourraient encore amener de troubles pour les cendres des autres morts ensevelis dans l'église. On se demande s'il n'aurait pas été prudent, avant de projeter le nivellement du chœur, d'examiner la disposition du caveau situé au-dessous, et de vérifier la hauteur de ses voûtes (1). En tout cas, et quoi qu'il en soit, je crois être l'organe d'un sentiment général en demandant qu'on ne touche à aucune sépulture que dans le cas de la nécessité la plus absolue, et que les restes des morts soient alors traités avec une surabondance d'égards. »

(1) La dalle qui ferme ce caveau n'a point été soulevée depuis la sépulture de feu Mgr Antoine de Pons. Plusieurs personnes estiment que les travaux projetés en entameront la voûte et en amèneront par là le bouleversement. Tant pis pour le caveau, répondront les architectes, on le mettra, si le cas échée, en rapport avec ce qu'on entend faire. C'est le système des faiseurs de créer des nécessités, puis de s'excuser sur la nécessité des choses fâcheuses auxquelles ils sont conduits. On a continué l'église dans un style absolument différent, et il ne manquait pas de gens pour dire : « Il est devenu nécessaire de démolir l'ancien édifice, parce qu'il ne s'accorde pas avec le nouveau. » — « Pourquoi n'avez-vous pas mis le nouveau en rapport avec l'ancien, » répondions-nous ; et nous avons défendu notre vieille Notre-Dame. On avait donné à la nouvelle toiture un niveau fort inférieur aux combles anciens, et on disait : « Il faut abattre ces combles, pour les rétablir au niveau de la nouvelle toiture. » — Nous avons répondu : « Nos combles sont ce qu'ils doivent être, c'était à vous à faire accorder avec eux ce que vous êtes venu construire. Laissez nos combles en paix et arrangez les vôtres. » Maintenant on dit : « Avec notre autel on ne pourra pas voir de la nef les cérémonies du chœur. Il faut donc mettre le chœur visible pour les bas-côtés. Mais pour cela, nous estimons nécessaire que le chœur soit nivelé. On nivellera le chœur. — Mais le caveau peut être compromis. — On refera le caveau si cela est nécessaire. On a bien exproprié les morts de la nef, les morts du caveau peuvent bien supporter quelque chose. »

Hélas ! n'aurait-il pas mieux valu qu'on n'obstruât pas la vue par ce malencontreux autel ? de la nef on aurait pu tout à la fois voir et entendre, tout aurait été beaucoup mieux, et il n'y aurait pas eu à penser à tous ces bouleversements.

BIBLIOGRAPHIE.

Dictionnaire raisonné d'architecture et des sciences et arts qui s'y rattachent, par Ernest Bosc, architecte, tome Ier (Abacule-Cymaise). Un vol. grand in-8° de 551 pages. Nombreuses gravures dans le texte et hors texte (30 fr.). Paris, Didot.

Bien que depuis un demi-siècle les ouvrages relatifs à l'architecture se soient multipliés, nous ne possédions pas encore, qui le croirait ? un traité complet sur la matière. On avait bien, tour à tour, pénétré les secrets de l'antiquité avec Quatremère de Quincy, et ceux du moyen âge avec Viollet-le-Duc, pour ne

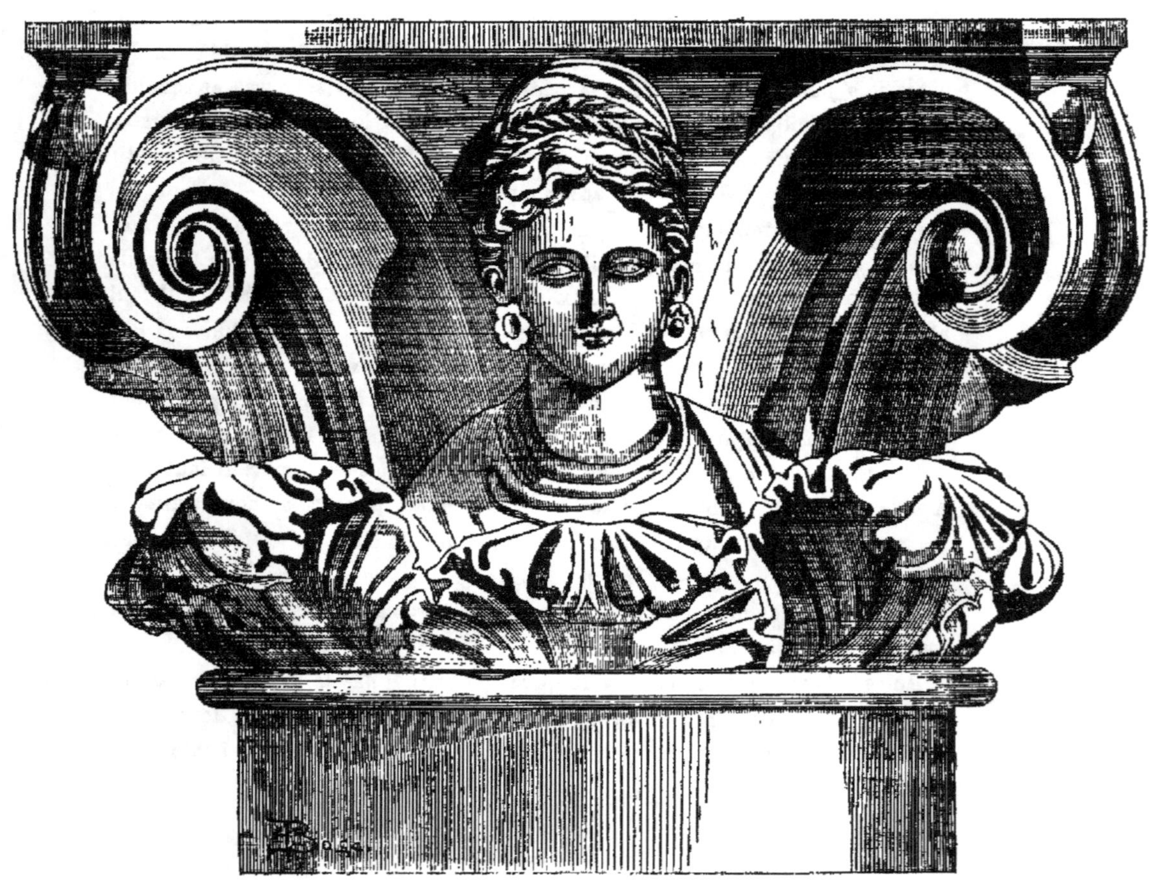

Chapiteau d'un tombeau étrusque, à Vulci.

citer que les noms les plus célèbres, mais il n'était venu à

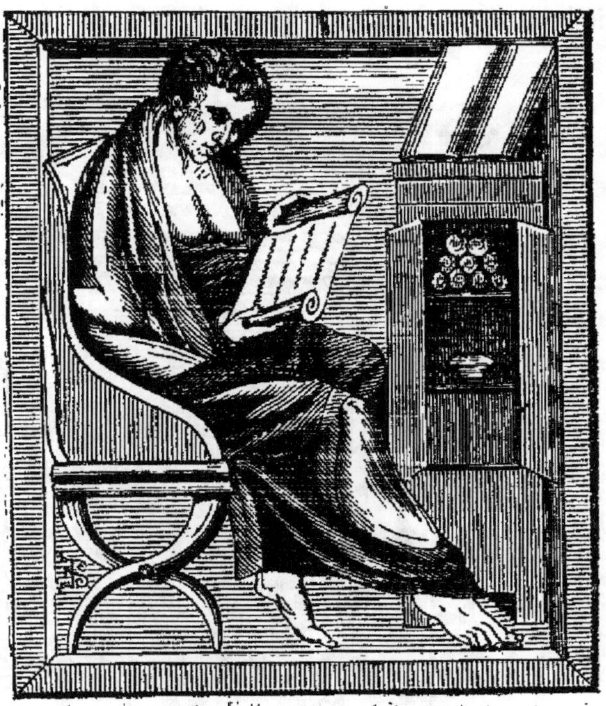

Homme assis près d'un armarium, d'après un sarcophage.

l'idée de personne d'embrasser tout l'ensemble des manifestations de l'esprit humain dans un genre spécial, de faire connaître les variétés de style usitées jusqu'à nous, de placer la théorie à côté de la pratique, d'élucider enfin les cas litigieux auxquels une construction peut donner lieu parfois. Ce dernier point de vue surtout avait été totalement négligé par les prédécesseurs de M. Bosc qui semblaient avoir oublié les recommandations de Vitruve à ce sujet (1). Aussi, chacun applaudira-t-il à l'innovation dont nous venons de parler que l'auteur annonce ainsi dans sa préface : « Quand les mots peuvent entrer

(1) « L'étude de la jurisprudence, dit-il, enseignera à l'architecte les coutumes des lieux pour la construction des murs mitoyens, des écoulements des toits et des égoûts, elle le mettra à même de donner de sages conseils pour dresser les baux sans ambiguïté, et de satisfaire ainsi aux intérêts des deux parties. »

dans le domaine juridique, nous résumons soit la législation, soit la jurisprudence, et souvent ces deux éléments à la fois.

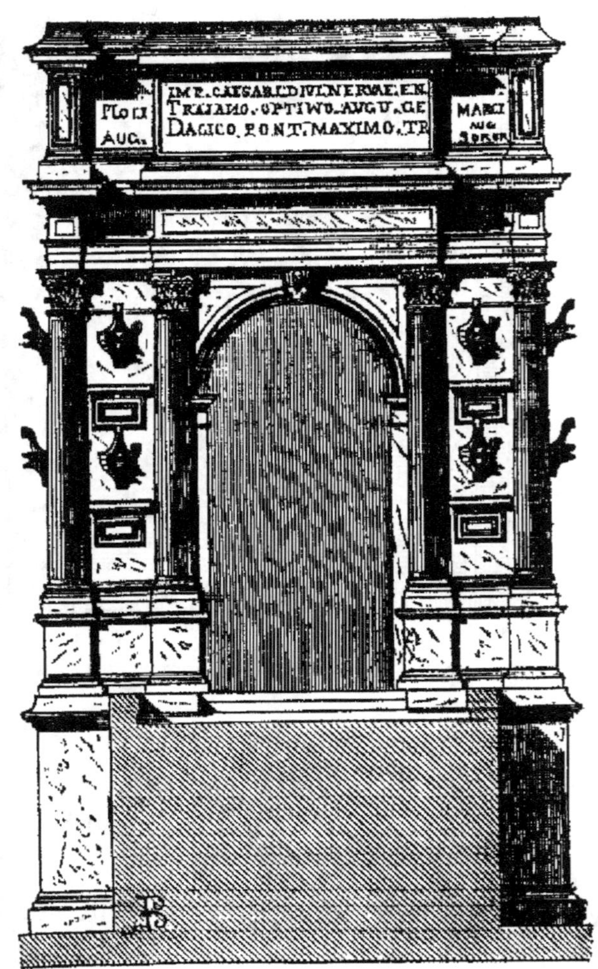

Arc de Trajan, à Ancône (1).

Une attention toute particulière a été apportée à cette partie de notre ouvrage, si importante pour les architectes, pour les

(1) L'inscription complète est ainsi conçue :

IMP. CAESARI. DIVI. NERVAE. F. NERVAE
TRAIANO. OPTIMO. AVG. GERMANICO. DACICO
PONT. MAX. TR. POT. XVIIII. IMP. VIIII
COS. VI. P. P. PROVIDENTISSIMO. PRINCIPI

propriétaires et tous les constructeurs en général. Les textes principaux des lois et ordonnances qui régissent les bâtiments ont été indiqués avec soin, ainsi que les opinions des auteurs qui les ont commentés et les décisions de la justice civile ou

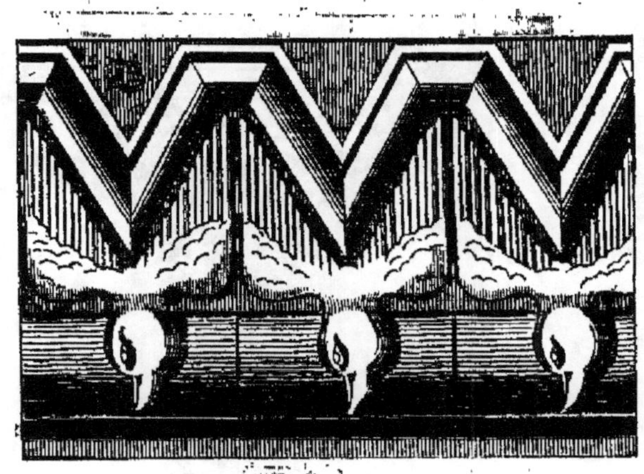

Becs d'oiseaux, ornement de l'époque romane en Angleterre.

administrative qui en ont fait l'application. Ces opinions, ces commentaires, ces décisions ont été vérifiés avec la plus grande attention et les citations sont faites avec renvoi aux grands recueils où elles figurent. »

Si le *Dictionnaire raisonné* nous renseigne aussi minutieusement sur les droits et les devoirs de l'architecte, on peut

SENATVS. P. Q. R. QVOD. ACCESSVM.
ITALIAE. HOC. ETIAM. ADDITO. EX. PECVNIA. SVA
PORTV. TVTIOREM. NAVIGANTIBVS. REDDIDERIT.

A gauche on lit :

PLOTINAE
AVG
CONIVGI. AVG.

A droite :

DIVAE
MARCIANAE
AVG
SORORI AVG.

La dix-neuvième puissance tribunitienne de Trajan correspond à l'année 115 après Jésus-Christ.

supposer facilement qu'il apporte le plus grand soin à tout ce qui concerne la construction proprement dite. C'est même là, on peut le dire, le caractère dominant de l'ouvrage de M. Bosc qui ne se perd jamais dans la spéculation, mais va droit à son

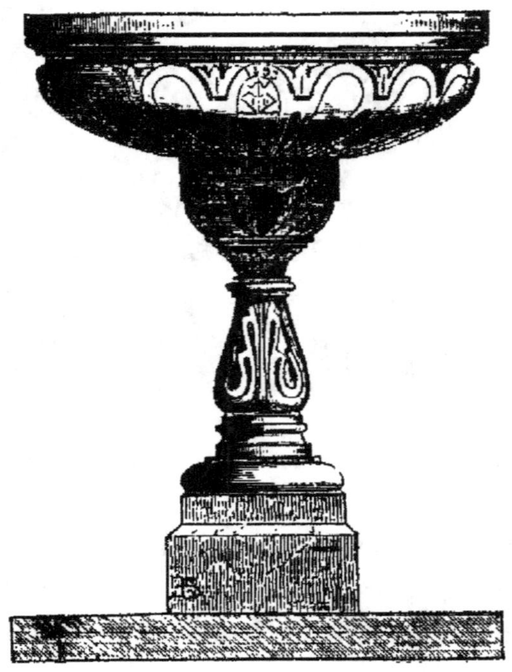

Bénitier renaissance, à l'église de Vitré (Ile-et-Villaine),

but et tend presque uniquement à venir en aide aux praticiens. Ne soyons donc pas étonné de trouver à la lettre c, par exemple, l'explication des mots *chartil*, *crenons*, *criques*, *croûtes d'étain*, *cul-de-poule*, etc. qui ne sont guère en usage en dehors de l'atelier ; pour certains lecteurs ils peuvent avoir autant d'importance que ceux de *chauffe-doux*, *cisium* et *compluvium*. Seulement il nous semble que nous serions en droit de demander à l'auteur plus de développements chaque fois qu'il aborde le côté esthétique de son art. Dans un livre tel que le sien il n'est pas permis d'éluder les difficultés sous prétexte qu'il y a divergence d'opinions sur tel ou tel point. Personne ne se serait plaint assurément de rencontrer, tout au moins, un

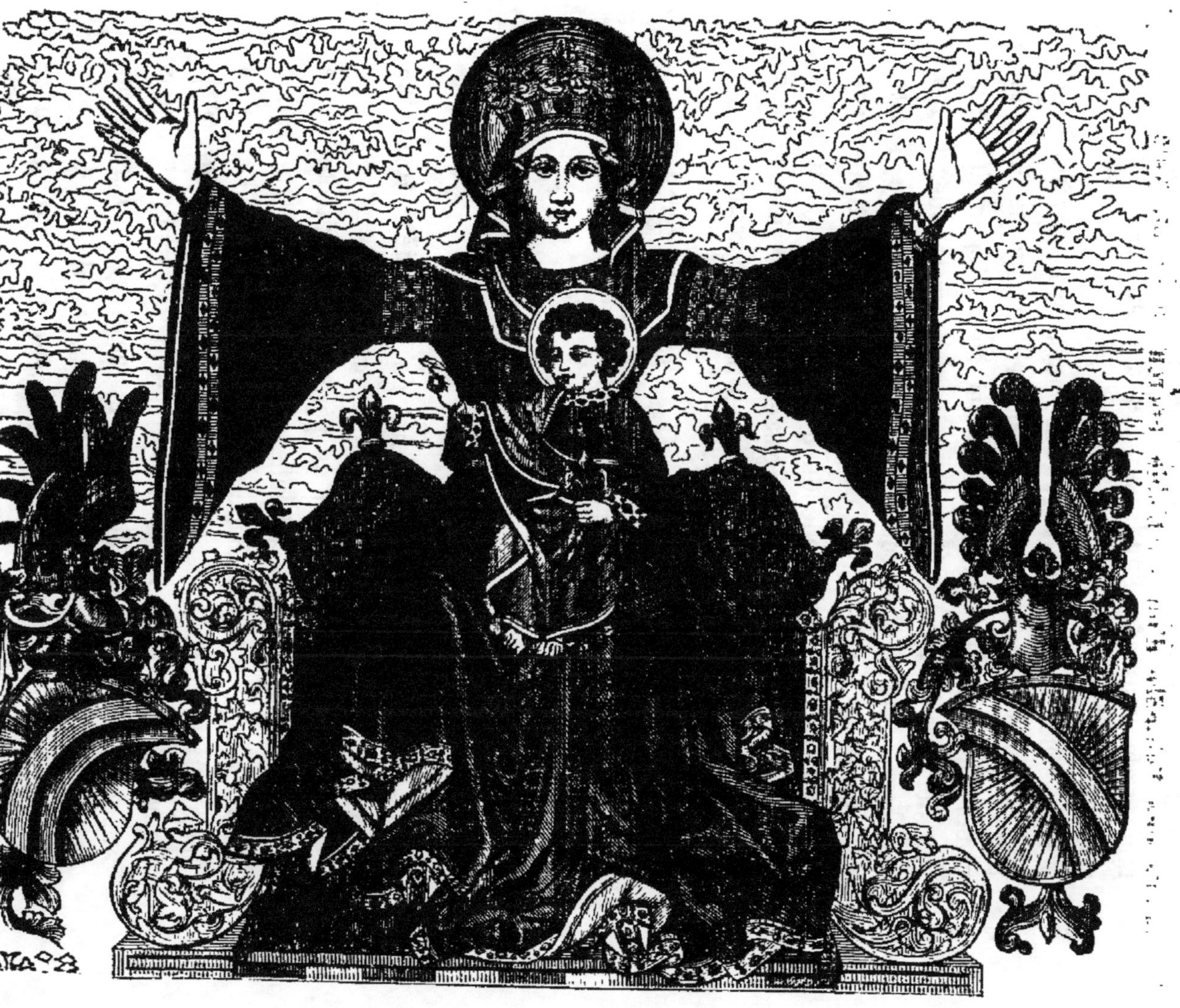

Bannière de Strasbourg (XIIIe siècle) (1).

(1) Détruite en 1870, pendant le bombardement.

paragraphe consacré à étudier les sources auxquelles, dans tous les temps, l'architecture a puisé ses beautés les plus certaines, tandis que l'absence d'un semblable aperçu laisse un vide regrettable à tous égards.

Sous bénéfice de cette critique que nous croyons parfaitement justifiée, nous n'hésitons pas à considérer l'ouvrage de M. Bosc comme l'un des plus remarquables qui aient été publiés dans ces derniers temps. Difficilement on trouverait ailleurs une somme de travail plus considérable, une plus grande netteté dans les idées, un désir plus complet de bien faire. Il n'est pas jusqu'à l'exécution matérielle du livre qui ne mérite tous nos éloges. La maison Didot s'est surpassée, si c'est possible, et nous savons ce qu'elle a coutume de faire en pareille occasion.

LÉON PALUSTRE.

NÉCROLOGIE.

M. Léon Ballereau, inspecteur de la Société française d'Archéologie. — On nous écrit du Bernard :

« La ville de Luçon vient de perdre son architecte, et la Société d'Émulation de la Vendée, le secrétaire de sa section d'archéologie. M. Léon Ballereau, né à Fontenay-le-Comte au mois de février 1822, est décédé à Niort le 16 septembre 1877. Cette mort est d'autant plus regrettable, qu'il était bon archéologue, architecte distingué et dessinateur hors ligne. Il avait pris sa profession au sérieux et il s'y était préparé à Paris pendant une dizaine d'années, sous la direction de M. Moll, architecte du gouvernement. Il était arrivé, par suite de ses longues études, à faire, avec une étonnante facilité, des dessins de toutes sortes, d'une précision mathématique et du meilleur goût; on sentait en les voyant, que le crayon qui les avait enfantés et leur avait donné la vie artistique était celui d'un maître. Rentré à Luçon, où son père s'était fait remarquer par ses grands travaux de restauration à la cathédrale et l'inauguration d'une nouvelle flèche en pierres dentelées et fleurdelisées, il mit son talent au service de ses amis. Luçon lui doit son hôtel de ville, la Tranche son église paroissiale, Avrillé sa flèche élégante et ses halles; il construisit en divers lieux et des presbytères, et des maisons d'école, et des châteaux et des pavillons dans le style moderne. Il illustra presque chaque année l'*Annuaire de la Société d'Émulation* de planches habilement agencées. Quand, en 1873, je résolus de publier le fruit de quinze années de recherches archéologiques sur les sépultures à incinération en forme de puits, je l'associai à mon travail, et mon ouvrage intitulé ; *Puits funéraires gallo-romains du Bernard* (Vendée), fut illustré par lui de deux cartes et d'environ quatre cent dix gravures, ce qui doubla sa valeur. A son titre de président des architectes de la Vendée, il joignait ceux de membre titulaire de la *Société des Antiquaires de l'Ouest* et d'inspecteur de la *Société française d'Archéologie*. Comme il se défiait de ses lumières et que, d'ailleurs, il était absorbé par des travaux incessants que sa position de père de famille lui commandait d'exécuter, il ne se décida que fort tard à mettre au jour les quatre petites brochures qu'il a léguées à la postérité et dont voici les titres : *Croix reliquaire du* XIe *siècle* (1873). C'est une croix pattée en bronze, autrefois doré, qui fait partie de ma collection. On y voit le Christ vêtu du tablier qui a précédé la simple bande; les bras ont la position horizontale et les deux pieds sont percés de clous.

Notice sur le clocher de l'église primitive de Saint-Pierre-de-Talmont (Vendée).

« Cette notice fut lue à la Sorbonne, le 18 avril 1873. Guillaume-le-Chauve, premier prince de Talmont, ayant pris possession vers l'an 1025, de la principauté créée pour lui, engloba ledit clocher dans son donjon où on le voit encore.

Notice sur le portail de l'église de Saint-Nicolas-de-Brem.

« Elle fut lue à la Sorbonne le 10 avril 1874. Ce portail est un monument de l'art architectural byzantin, de la dernière moitié du xe siècle; il est d'autant plus curieux qu'il est plus rare, et que le portique avec sa voûte, sa base cintrée, ses colonnes, son archivolte coupant une surface plane, sa frise, sa corniche, surmontée d'un fronton, sont encore bien conservés.

Notice sur une épingle romaine en bronze.

« Cette épingle n'a pas moins de 0m24 de longueur, c'est une épingle à cheveux, munie d'une double astragale et d'un gracieux chapiteau, sorte de chapeau à tête de diamant. Elle fut trouvée à Fontenay-le-Comte, dans l'ancien lit de la Vendée, par M. Charrier, architecte et ami du défunt.

« Les qualités du cœur ne le cédaient point chez M. Léon Ballereau aux qualités de l'esprit. Sa politesse exquise, l'amabilité de ses manières, la franchise et la loyauté de son caractère lui firent de nombreux amis dans tous les rangs de la société.

« Victime de l'amour qu'il avait voué à une épouse chérie, sa mort prématurée lui porta un coup dont il ne s'est pas relevé. Homme religieux, il a reçu, avant de partir de ce monde, les consolations que donne à la dernière heure l'Église qu'il avait aimée. »

L'abbé Ferd. Baudry,
Curé du Bernard.

TOURS. — IMP. PAUL BOUSEREZ RUE DE LUCÉ, 5.

BIBLIOGRAPHIE

1° *Notice historique et archéologique sur le donjon du château de Philippe-Auguste, bâti à Rouen en 1205, aujourd'hui tour Jeanne-d'Arc*, par F. Bouquet. — Rouen, Augé et Paris, Claudin. In-8° de 84 pages, 1 f. 50.

2° *Boves et ses seigneurs. Étude historique sur la commune de Boves*, par A. Janvier. Un vol. in-8° de 480 pages. Deux planches de sceaux et quinze planches doubles de carreaux émaillés du XIIIe siècle; ces dernières en couleur. — Amiens, Douillet.

3° *Notes archéologiques sur Moutiers et la Tarentaise*, par Mgr X. Barbier de Montault. In-8° de 218 pages. — Moutiers, Cane.

4° *Notice sur la Sainte-Baume*, par L. Rostan. 2e édition. In-12 de 132 pages.

5° *Annales de la Société académique d'architecture de Lyon.* T.V. (1875-1876). — Lyon, Perrin. Gr. in-8°, 1877.

6° *Catalogue de la bibliothèque de Marseille. Ouvrages relatifs à la province. Essai d'introduction et de classement méthodique*, par V. Lieutaud. — Marseille, Gravière. in-4°.

7° *Fouilles faites à Carnac. Les Bossenno et le Mont-Saint-Michel*, par James Miln. Un vol. in-8° colombier, gravures dans le texte et hors texte et chromolithographies. — Paris, Quantin, 50 francs.

8° *Une association d'imprimeurs et de libraires de Paris, réfugiés à Tours au* XVIe *siècle*. Gr. in-8° de 68 pages, tiré à petit nombre. — Tours, Rouillé-Ladevèze.

N. B. — Tout ce qui est relatif à la rédaction doit être adressé à M. Léon Palustre, directeur de la Société française d'Archéologie, à Tours.

Les livres, dont *deux* exemplaires auront été adressés au Directeur ou déposés au bureau du *Bulletin*, seront annoncés gratuitement, indépendamment du compte-rendu qui pourra leur être consacré.

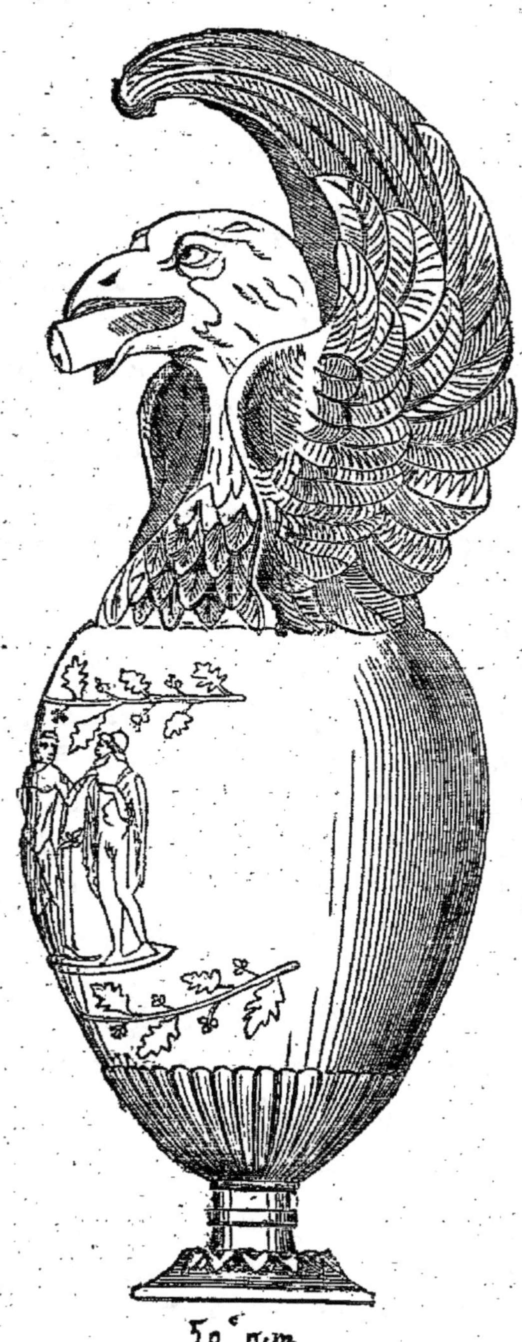

50e pim

www.ingramcontent.com/pod-product-compliance
Lightning Source LLC
LaVergne TN
LVHW082354160826
845678LV00008B/1837

* 9 7 8 2 3 2 9 7 6 3 0 8 8 *